U0908026

古典名著白文本

吕氏春秋

[战国]吕不韦 等著

杨坚 点校

CNS 岳麓書社·长沙

图书在版编目(CIP)数据

吕氏春秋/(战国)吕不韦等著. —长沙:岳麓书社,2015.2(2022.10重印)

ISBN 978-7-5538-0327-2

Ⅰ.①吕… Ⅱ.①吕… Ⅲ.①杂家 Ⅳ.①B229.21

中国版本图书馆CIP数据核字(2014)第306984号

LYUSHICHUNQIU

吕氏春秋

著　　者　[战国]吕不韦　等

责任编辑　彭卫才

责任校对　舒　舍

封面设计　刘　峰

岳麓书社出版发行

地址:湖南省长沙市爱民路47号

直销电话:0731-88804152　0731-88885616

邮编:410006

版次:2015年2月第1版

印次:2022年10月第3次印刷

开本:890mm×1240mm　1/32

印张:7

字数:175千字

印数:10 001—13 000

ISBN 978-7-5538-0327-2

定价:32.80元

承印:廊坊市博林印务有限公司

如有印装质量问题,请与本社印务部联系

电话:0731-88884129

出版说明

《吕氏春秋》又名《吕览》，由吕不韦组织门客集体编纂，其目的是为了集粹各家精华，成一家之言，最终为秦始皇建立统一的中央集权制寻找理论根据。《吕氏春秋》的内容主要以儒家和道家的思想为主，同时又汇集了墨、法、兵等学派的学说，成为当时秦国统一天下、治理国家的主要思想武器。同时，书中还保存了很多旧说传闻、天文、音律等方面的知识，无论在史料上还是理论上都有极高的参考价值。全书分为三个部分：纪、览、论。“纪”按春夏秋冬十二个月分为十二纪，如春分三纪，孟春、仲春、季春。每纪包括五篇文章，总共60篇。它的哲学思想、政治思想以及它所保留的科学文化方面的历史资料，是我们民族的一份珍贵遗产。

20世纪80年代以来，我社以打造经典为己任，力倡“花最少的钱买最好的书”。此次出版的《吕氏春秋》是以陈奇猷的《吕氏春秋校释》为底本，参校以中华书局版“古今图书集成本”，对原有文字勘误校正，力求“原汁原味”地满足广大读者的需要。

目　　录

卷一　孟春纪第一

孟　春

一曰——

孟春之月：日在营室，昏参中，旦尾中。其日甲乙。其帝太皞。其神句芒。其虫鳞。其音角。律中太蔟。其数八。其味酸。其臭膻。其祀户。祭先脾。东风解冻。蛰虫始振。鱼上冰。獭祭鱼。候雁北。天子居青阳左个，乘鸾辂，驾苍龙，载青旗，衣青衣，服青玉，食麦与羊。其器疏以达。

是月也，以立春。先立春三日，太史谒之天子曰："某日立春，盛德在木。"天子乃斋。立春之日，天子亲率三公九卿诸侯大夫以迎春于东郊。还，乃赏公卿诸侯大夫于朝。命相布德和令，行庆施惠，下及兆民。庆赐遂行，无有不当。乃命太史，守典奉法，司天日月星辰之行，宿离不忒，无失经纪，以初为常。

是月也，天子乃以元日祈谷于上帝。乃择元辰，天子亲载耒耜，措之参于保、介、之御间，率三公九卿诸侯大夫躬耕帝籍田，天子三推，(三)公五推，卿诸侯大夫九推。反，执爵于太寝，三公九卿诸侯大夫皆御，命曰"劳酒"。

是月也，天气下降，地气上腾，天地和同，草木繁动。王布农事：命田舍东郊，皆修封疆，审端径术，善相丘陵阪险原隰，土地所宜，五谷所殖，以教道民，必躬亲之。田事既饬，先定准直，农乃不惑。

是月也，命乐正入学习舞，乃修祭典，命祀山林川泽，牺牲无用牝。禁止伐木，无覆巢，无杀孩虫胎夭飞鸟，无麛无卵，无聚大众，无置城郭，掩骼霾髊。

是月也，不可以称兵，称兵必有天殃。兵戎不起，不可以从我始。无变天之道，无绝地之理，无乱人之纪。

孟春行夏令，则风雨不时，草木早槁，国乃有恐。行秋令，则民大疫，疾风暴雨数至，藜莠蓬蒿并兴。行冬令，则水潦为败，霜雪大挚，首种不入。

本　生

二曰——

始生之者，天也；养成之者，人也。能养天之所生而勿撄之谓天子。天子之动也，以全天为故者也。此官之所自立也。立官者以全生也。今世之惑主，多官而反以害生，则失所为立之矣。譬之若修兵者，以备寇也，今修兵而反以自攻，则亦失所为修之矣。

夫水之性清，土者扣之，故不得清。人之性寿，物者扣之，故不得寿。物也者，所以养性也，非(所)以性养也。今世之人，惑者多以性养物，则不知轻重也。不知轻重，则重者为轻，轻者为重矣。若此，则每动无不败，以此为君悖，以此为臣乱，以此为子狂。三者国有一焉，无幸必亡。

今有声于此，耳听之必慊，已听之则使人聋，必弗听。有色于此，目视之必慊，已视之则使人盲，必弗视。有味于此，口食之必慊，已食之则使人瘖，必弗食。是故圣人之于声色滋味也，利于性则取之，害于性则舍之，此全性之道也。世之贵富者，其于声色滋味也多惑者，日夜求，幸而得之则遁焉。遁焉，性恶得不伤?

万人操弓共射一招，招无不中。万物章章，以害一生，生无不伤；以便一生，生无不长。故圣人之制万物也，以全其天也。天全则神和矣，目明矣，耳聪矣，鼻臭矣，口敏矣，三百六十节皆通利矣。若此人者，不言而信，不谋而当，不虑而得；精通乎天地，神覆乎宇宙；其于物无不受也，无不裹也，若天地然；上为天子而不骄，下为匹夫而不惛；此之谓全德之人。

贵富而不知道，适足以为患，不如贫贱。贫贱之致物也难，虽欲过之奚由？出则以车，入则以辇，务以自佚，命之曰招蹶之机。肥肉厚酒，务以自强，命之曰烂肠之食。靡曼皓齿，郑、卫之音，务以自乐，命之曰伐性之斧。三患者，贵富之所致也。故古之人有不肯贵富者矣，由重生故也，非夸以名也，为其实也。则此论之不可不察也。

重　己

三曰——

倕，至巧也。人不爱倕之指，而爱己之指，有之利故也。人不爱昆山之玉，江汉之珠，而爱己一苍璧小玑，有之利故也。今吾生之为我有，而利我亦大矣。论其贵贱，爵为天子，不足以比焉；论其轻重，富有天下，不可以易之；论其安危，一曙失之，终身不复得。此三者，有道者之所慎也。有慎之而反害之者，不达乎性命之情也。不达乎性命之情，慎之何益？是师者之爱子也。不免乎枕之以糠；是聋者之养婴儿也，方雷而窥之于堂；有殊弗知慎者。夫弗知慎者，是死生存亡可不可，未始有别也。未始有别者，其所谓是未尝是，其所谓非未尝非，是其所谓非，非其所谓是，此之谓大惑。若此人者，天之所祸也。以此治身，必死必殃；以此治国，必残必亡。夫死殃残亡，非自至也，惑召之也。寿长至常亦然。故有道者，不察所召，而察其召之者，则其至不可禁矣。此论不可不熟。

使乌获疾引牛尾，尾绝力勯，而牛不可行，逆也。使五尺竖子引其棬，而牛恣所以之，顺也。世之人主贵人，无贤不肖，莫不欲长生久视，而日逆其生，欲之何益？凡生之长也，顺之也；使生不顺者，欲也；故圣人必先适欲。

室大则多阴，台高则多阳，多阴则蹷，多阳则痿，此阴阳不适之患也。是故先王不处大室，不为高台，味不众珍，衣不燀热。燀热则理塞，理塞则气不达；味众珍则胃充，胃充则中大鞔；中大鞔而气不达，以此长生，可得乎？昔先圣王之为苑囿园池也，足以观望劳形而已矣；其为宫室台榭也，足以辟燥湿而已矣；其为舆马衣裘也，足以逸身暖骸而已矣；其为饮食酏醴也，足以适味充虚而已矣；其为声色音乐也，足以安性自娱而已矣。五者，圣王之所以养性也，非好俭而恶费也，节乎性也。

贵　公

四曰——

昔先圣王之治天下也，必先公，公则天下平矣。平得于公。尝试观于上志，有得天下者众矣，其得之〔必〕以公，其失之必以偏。（凡主之立也，生于公。）故《鸿范》曰："无偏无党，王道荡荡；无偏无颇，遵王之义；无或作好，遵王之道；无或作恶，遵王之路。"

天下非一人之天下也，天下之天下也。阴阳之和，不长一类；甘露时雨，不私一物；万民之主，不阿一人。伯禽将行，请所以治鲁，周公曰："利而勿利也。"荆人有遗弓者，而不肯索，曰："荆人遗之，荆人得之，又何索焉？"孔子闻之曰："去其'荆'而可矣。"老聃闻之曰："去其'人'而可矣。"故老聃则至公矣。天地大矣，生而弗子，成而弗有，万物皆被其泽、得其利，而莫知其所由始，此三皇、五帝之德也。

管仲有病，桓公往问之，曰："仲父之病矣，溃甚，国人弗讳，寡人将谁属国？"管仲对曰："昔者臣尽力竭智，犹未足以知之也，今病在于朝夕之中，臣奚能言？"桓公曰："此大事也，愿仲父之教寡人也。"

管仲敬诺,曰:“公谁欲相?”公曰:“鲍叔牙可乎?”管仲对曰:“不可。夷吾善鲍叔牙,鲍叔牙之为人也,清廉洁直,视不己若者,不比于人;一闻人之过,终身不忘。”“勿已,则隰朋其可乎?”“隰朋之为人也,上志而下求,丑不若黄帝,而哀不己若者;其于国也,有不闻也;其于物也,有不知也;其于人也,有不见也。勿已乎,则隰朋可也。”夫相,大官也。处大官者,不欲小察,不欲小智,故曰:大匠不斲,大庖不豆,大勇不斗,大兵不寇。桓公行公去私恶,用管子而为五伯长;行私阿所爱,用竖刀而虫出于户。

人之少也愚,其长也智,故智而用私,不若愚而用公。日醉而饰服,私利而立公,贪戾而求王,舜弗能为。

去 私

五曰——

天无私覆也,地无私载也,日月无私烛也,四时无私行也,行其德而万物得遂长焉。

黄帝言曰:“声禁重,色禁重,衣禁重,香禁重,味禁重,室禁重。”

尧有子十人,不与其子而授舜;舜有子九人,不与其子而授禹;至公也。

晋平公问于祁黄羊曰:“南阳无令,其谁可而为之?”祁黄羊对曰:“解狐可。”平公曰:“解狐非子之雠邪?”对曰:“君问可,非问臣之雠也。”平公曰:“善。”遂用之。国人称善焉。居有间,平公又问祁黄羊曰:“国无尉,其谁可而为之?”对曰:“午可。”平公曰:“午非子之子邪?”对曰:“君问可,非问臣之子也。”平公曰:“善。”又遂用之。国人称善焉。孔子闻之曰:“善哉!祁黄羊之论也,外举不避雠,内举不避子。”祁黄羊可谓公矣。

墨者有巨子腹䵍,居秦,其子杀人,秦惠王曰:“先生之年长矣,非有他子也,寡人已令吏弗诛矣,先生之以此听寡人也。”腹䵍对曰:“墨者之法曰:‘杀人者死,伤人者刑’,此所以禁杀伤人也。夫禁杀伤人者,天下之大义也。王虽为之赐,而令吏弗诛,腹䵍不可不行墨者之法。”不许惠王,而遂杀之。子,人之所私也,忍所私以行大义,巨子可谓公矣。

庖人调和而弗敢食,故可以为庖。若使庖人调和而食之,则不可以为庖矣。王伯之君亦然,诛暴而不私,以封天下之贤者,故可以为王伯;若使王伯之君诛暴而私之,则亦不可以为王伯矣。

卷二　仲春纪第二

仲　春

一曰——

仲春之月:日在奎,昏弧中,旦建星中。其日甲乙。其帝太皞。其神句芒。其虫鳞。其音角。律中夹钟。其数八。其味酸。其臭羶。其祀户。祭先脾。始雨水。桃李华。苍庚鸣。鹰化为鸠。天子居青阳太庙,乘鸾辂,驾苍龙,载青旗,衣青衣,服青玉,食麦与羊,其器疏以达。

是月也,安萌牙,养幼少,存诸孤。择元日,命人社。命有司,省囹圄,去桎梏,无肆掠,止狱讼。

是月也,玄鸟至。至之日,以太牢祀于高禖。天子亲往,后妃率九嫔御,乃礼天子所御,带以弓韣,授以弓矢于高禖之前。

是月也,日夜分。雷乃发声,始电。蛰虫咸动,开户始出。先雷三日,奋铎以令于兆民曰:"雷且发声,有不戒其容止者,生子不备,必有凶灾。"日夜分,则同度量,钧衡石,角斗桶,正权概。

是月也,耕者少舍,乃修阖扇,寝庙必备。无作大事,以妨农功。

是月也,无竭川泽,无漉陂池,无焚山林。天子乃献羔开冰,先荐寝庙。上丁,命乐正,入〔学习〕舞舍采,天子乃率三公九卿诸侯亲往视之。中丁,又命乐正,入学习乐。

是月也,祀不用牺牲,用圭璧,更皮币。

仲春行秋令,则其国大水,寒气总至。寇戎来征。行冬令,则阳气不胜,麦乃不熟,民多相掠。行夏令,则国乃大旱,暖气早来,虫螟为害。

贵 生

二曰——

圣人深虑天下,莫贵于生。夫耳目鼻口,生之役也。耳虽欲声,目虽欲色,鼻虽欲芬香,口虽欲滋味,害于生则止。在四官者不欲,利于生者则弗为。由此观之,耳目鼻口,不得擅行,必有所制。譬之若官职,不得擅为,必有所制。此贵生之术也。

尧以天下让于子州支父。子州支父对曰:“以我为天子犹可也。虽然,我适有幽忧之病,方将治之,未暇在天下也。”天下,重物也,而不以害其生,又况于他物乎?惟不以天下害其生者也,可以托天下。

越人三世杀其君,王子搜患之,逃乎丹穴。越国无君,求王子搜而不得,从之丹穴。王子搜不肯出,越人薰之以艾,乘之以王舆。王子搜援绥登车,仰天而呼曰:“君乎,独不可以舍我乎!”王子搜非恶为君也,恶为君之患也。若王子搜者,可谓不以国伤其生矣,此固越人之所欲得而为君也。

鲁君闻颜阖得道之人也,使人以币先焉。颜阖守闾,(鹿)〔粗〕布之衣,而自饭牛。鲁君之使者至,颜阖自对之。使者曰:“此颜阖之家耶?”颜阖对曰:“此阖之家也。”使者致币,颜阖(对)曰:“恐听缪而遗使者罪,不若审之。”使者还反审之,复来求之,则不得已。故若颜阖者,非恶富贵也,由重生恶之也。世之人主,多以富贵骄得道之人,其不相知,岂不悲哉!

故曰:道之真,以持身;其绪馀,以为国家;其土苴,以治天下。由此观之,帝王之功,圣人之馀事也,非所以完身养生之道也。今世俗之君子,危身弃生以徇物,彼且奚以此之也?彼且奚以此为也?

凡圣人之动作也,必察其所以之,与其所以为。今有人于此,以随侯之珠弹千仞之雀，世必笑之，是何也？所用重，所要轻也。夫生岂特随侯珠之重也哉？

子华子曰："全生为上，亏生次之，死次之，迫生为下。"故所谓尊生者，全生之谓。所谓全生者，六欲皆得其宜也。所谓亏生者，六欲分得其宜也。亏生则于其尊之者薄矣。其亏弥甚者也，其尊弥薄。所谓死者，无有所以知，复其未生也。所谓迫生者，六欲莫得其宜也，皆获其所甚恶者，服是也，辱是也。辱莫大于不义，故不义，迫生也，而迫生非独不义也，故曰迫生不若死。奚以知其然也？耳闻所恶，不若无闻；目见所恶，不若无见。故雷则掩耳，电则掩目，此其比也。凡六欲者，皆知其所甚恶，而必不得免，不若无有所以知，无有所以知者，死之谓也，故迫生不若死。嗜肉者，非腐鼠之谓也；嗜酒者，非败酒之谓也；尊生者，非迫生之谓也。

情　欲

三曰——

天生人而使有贪，〔贪〕有欲，欲有情，情有节，圣人修节以止欲，故不过行其情也。故耳之欲五声，目之欲五色，口之欲五味，情也。此三者，贵贱愚智贤不肖欲之若一，虽神农、黄帝其与桀、纣同。圣人之所以异者，得其情也。由贵生动则得其情矣，不由贵生动则失其情矣。此二者，死生存亡之本也。

俗主亏情，故每动为(亡)败。耳不可赡，目不可厌，口不可满，身尽府种，筋骨沉滞，血脉壅塞，九窍寥寥，曲失其宜，虽有彭祖，犹不能为也。其于物也，不可得之为欲，不可足之为求，大失生本。民人怨谤，又树大雠；意气易动，蹻然不固；矜势好智，胸中欺诈；德义之缓，邪利之急。身以困穷，虽后悔之，尚将奚及？巧佞之近，端直之远，国家大危，悔前之过，犹不可反。闻言而惊，不得所由。百病怒起，乱难时至。以此君人，为身大忧。耳不乐声，目不乐色，口不甘味，与死无择。

古人得道者，生以寿长，声色滋味，能久乐之。奚故？论早定也。论早定则知早啬，知早啬则精不竭。秋早寒则冬必暖矣，春多雨则夏必旱矣，天地不能两，而况于人类乎？人与天地也同，万物之形虽异，其情一体也。故古之治身与天下者，必法天地也。尊酌者众则速尽，万物之酌大贵之生者众矣，故大贵之生常速尽，非徒万物酌之也，又损其生以资天下之人，而终不自知。功虽成乎外，而生亏乎内，耳不可以听，目不可以视，口不可以食，胸中大扰，妄言想见，临死之上，颠倒惊惧，不知所为，用心如此，岂不悲哉！

世人之事君者，皆以孙叔敖之遇荆庄王为幸。自有道者论之则不然，此荆(国)〔王〕之幸。荆庄王好周游田猎，驰骋弋射，欢乐无遗，尽传其境内之劳与诸侯之忧于孙叔敖，孙叔敖日夜不息，不得以便生为故，故使庄王功迹著乎竹帛，传乎后世。

当　染

四曰——

墨子见染素丝者而叹曰："染于苍则苍，染于黄则黄，所以入者变，其色亦变，五入而以为五色矣。"故染不可不慎也。

非独染丝然也，国亦有染。舜染于许由、伯阳，禹染于皋陶、伯益，汤染于伊尹、仲虺，武王染于太公望、周公旦，此四王者所染当，故王天下，立为天子，功名蔽天地，举天下之仁义显人必称此四王者。夏桀染于干辛、歧踵戎，殷纣染于崇侯、恶来，周厉王染于虢公长父、荣夷终，幽王染于虢公鼓、祭公敦，此四王者所染不当，故国残身死，为天下僇，举天下之不义辱人必称此四王者。齐桓公染于管仲、鲍叔，晋文公染于咎犯、郄偃，荆庄王染于孙叔敖、沈尹蒸，吴王阖庐染于伍员、文之仪，越王句践染于范蠡、大夫种，此五君者所染当，故霸诸侯，功名传于后世。范吉射染于张柳朔、王生，中行寅染于(黄)藉秦、高彊，吴王夫差染于王孙雄、太宰嚭，智伯瑶染于智国、张武，中山尚染于魏义、椻长，宋康王染于唐鞅、田不禋，此六君者所染不当，故国皆残亡，身或死辱，宗庙不血食，绝其后类，君臣离散，民人流亡，举天下贪暴(可羞)〔苛扰〕人必称此六君者。凡为君非为君而因荣也，非为君而因安也，以为行理也。行理生于(当染)〔染当〕，故古之善为君者，劳于论人，而佚于官事，得其经也。不能为君者，伤形费神，愁心劳耳目，国愈危，身愈辱，不知要故也。不知要故则所染不当，所染不当，理奚由至？六君者是已。六君者，非不重其国，爱其身也，所染不当也。存亡故不独是也，帝王亦然。

非独国有染也，〔士亦有染。〕孔子学于老聃、孟苏夔、靖叔。鲁惠公使宰让请郊庙之礼于天子，桓王使史角往，惠公止之，其后在于鲁，墨子学焉。此二士者，无爵位以显人，无赏禄以利人，举天下之显荣者必称此二士也。皆死久矣，从属弥众，弟子弥丰，充满天下，王公大人从而显之，有爱子弟者随而学焉，无时乏绝。子贡、子夏、曾子学于孔子，田子方学于子贡，段干木学于子夏，吴起学于曾子。禽滑黎学于墨子，许犯学于禽滑黎，田系学于许犯。孔、墨之后学显荣于天下者众矣，不可胜数。皆所染者得当也。

功　名

五曰——

由其道，功名之不可得逃，犹表之与影，若呼之与响。善钓者出鱼乎十仞之下，饵香也；善弋者下鸟乎百仞之上，弓良也；善为君者，蛮夷反舌殊俗异习皆服之，德厚也。水泉深则鱼鳖归之，树木盛则飞鸟归之，庶草茂则禽兽归之，人主贤则豪杰归之。故圣王不务归之者，而务其所以归。

强令之笑不乐，强令之哭不悲。强令之为道也，可以成小，而不可以成大。

缶醯黄，蚋聚之，有酸；徒水则必不可。以狸致鼠，以冰致蝇，虽工不能。以茹鱼去蝇，蝇愈至，不可禁，以致之之道去之也。桀、纣以去之之道致之也，罚虽重，刑虽严，何益？

大寒既至，民暖是利；大热在上，民清是走。是故民无常处，见利之聚，无之去。欲为天子，民之所走。不可不察。今之世，至寒矣，至热矣，而民无走者，取则行钧也。欲为天子，所以示民，不可不异也。行不异，乱虽信今，民犹无走。民无走，则王者废矣，暴君幸矣，民绝望矣。故当今之世，有仁人在焉，不可而不此务，有贤主不可而不此事。

贤不肖不可以（不）相分，若命之不可易，若美恶之不可移。桀、纣贵为天子，富有天下，能尽害天下之民，而不能得贤名之。关龙逢、王子比干能以要领之死，争其上之过，而不能与之贤名。名固不可以相分，必由其理。

卷三　季春纪第三

季　春

一曰——

季春之月：日在胃，昏七星中，旦牵牛中。其日甲乙。其帝太皞。其神句芒。其虫鳞。其音角。律中姑洗。其数八。其味酸。其臭羶。其祀户。祭先脾。桐始华。田鼠化为鴽。虹始见。萍始生。天子居青阳右个，乘鸾辂，驾苍龙，载青旂，衣青衣，服青玉。食麦与羊。其器疏以达。

是月也，天子乃荐鞠衣于先帝。命舟牧覆舟，五覆五反，乃告舟备具于天子焉，天子焉始乘舟。荐鲔于寝庙，乃为麦祈实。

是月也，生气方盛，阳气发泄，生者毕出，萌者尽达，不可以内。天子布德行惠，命有司，发仓窌，赐贫穷，振乏绝，开府库，出币帛，周天下，勉诸侯，聘名士，礼贤者。

是月也，命司空曰："时雨将降，下水上腾；循行国邑，周视原野；修利堤防，导达沟渎，开通道路，无有障塞；田猎毕弋，罝罘罗网，馁兽之药，无出九门。"

是月也，命野虞，无伐桑柘。鸣鸠拂其羽，戴任降于桑。具栚曲籧筐，后妃斋戒，亲东乡躬桑，禁妇女无观。省妇使，劝蚕事，蚕事既登，分茧称丝效功，以共郊庙之服，无有敢堕。

是月也，命工师，令百工，审五库之量，金铁、皮革筋、角齿、羽箭干、脂胶丹漆，无或不良。百工咸理，监工日号，无悖于时，无或作为淫巧，以荡上心。

是月之末，择吉日，大合乐，天子乃率三公九卿诸侯大夫亲往视之。

是月也，乃合累牛腾马游牝于牧，牺牲驹犊，举书其数。国人傩，九门磔禳，以毕春气。

行之是令，而甘雨至三旬。季春行冬令，则寒气时发，草木皆肃，国有大恐。行夏令，则民多疾疫，时雨不降，山陵不收。行秋令，则天多沉阴，淫雨早降，兵革并起。

尽 数

二曰——

天生阴阳寒暑燥湿，四时之化，万物之变，莫不为利，莫不为害。圣人察阴阳之宜，辨万物之利以便生，故精神安乎形，而年寿得长焉。长也者，非短而续之也，毕其数也。毕数之务，在乎去害。何谓去害？大甘、大酸、大苦，大辛、大咸，五者充形则生害矣。大喜、大怒、大忧、大恐、大哀，五者接神则生害矣。大寒、大热、大燥、大湿、大风、大霖、大雾，七者动精则生害矣。故凡养生，莫若知本，知本则疾无由至矣。

精气之集也，必有入也。集于羽鸟与为飞扬，集于走兽与为流行，集于珠玉与为精朗，集于树木与为茂长，集于圣人与为敻明。精气之来也，因轻而扬之，因走而行之，因美而良之，因长而养之，因智而明之。

流水不腐，户枢不蝼，动也。形气亦然，形不动则精不流，精不流则气郁。郁处头则为肿为风，处耳则为挶为聋，处目则为䁾为盲，处鼻则为鼽为窒，处腹则为张为府，处足则为痿为蹷。

轻水所多秃与瘿人，重水所多尰与躄人，甘水所多好与美人，辛水所多疽与痤人，苦水所多尪与伛人。

凡食无强厚,(味无以)烈味重酒,是(以谓之)〔之谓〕疾首。食能以时,身必无灾。凡食之道,无饥无饱,是之谓五藏之葆。口必甘味,和精端容,将之以神气。百节虞欢,咸进受气。饮必小咽,端直无戾。

今世上卜筮祷祠,故疾病愈来。譬之若射者,射而不中,反修于招,何益于中?夫以汤止沸,沸愈不止,去其火则止矣。故巫医毒药,逐除治之,故古之人贱之也,为其末也。

先　己

三曰——

汤问于伊尹曰:“欲取天下若何?”伊尹对曰:“欲取天下,天下不可取。可取,身将先取。”凡事之本,必先治身,啬其大宝。用其新,弃其陈,腠理遂通。精气日新,邪气尽去,及其天年,此之谓真人。

昔者先圣王,成其身而天下成,治其身而天下治。故善响者不于响于声,善影者不于影于形,为天下者不于天下于身。《诗》曰:“淑人君子,其仪不忒。其仪不忒,正是四国”,言正诸身也。故反其道而身善矣;行义则人善矣;乐备君道,而百官已治矣,万民已利矣。三者之成也,在于无为。无为之道曰胜天,义曰利身,君曰勿身。勿身督听,利身平静,胜天顺性。顺性则聪明寿长,平静则业进乐乡,督听则奸塞不皇。故上失其道则边侵于敌,内失其行,名声堕于外。是故百仞之松,本伤于下,而末槁于上;商、周之国,谋失于胸,令困于彼。故心得而听得,听得而事得,事得而功名得。五帝先道而后德,故德莫盛焉;三王先教而后杀,故事莫功焉;五伯先事而后兵,故兵莫强焉。当今之世,巧谋并行,诈术递用,攻战不休,亡国辱主愈众,所事者末也。

夏后相与有扈战于甘泽而不胜,六卿请复之,夏后相曰:“不可。

吾地不浅，吾民不寡，战而不胜，是吾德薄而教不善也。”于是乎处不重席，食不贰味，琴瑟不张，钟鼓不修，子女不饬，亲亲长长，尊贤使能，期年而有扈氏服。故欲胜人者必先自胜，欲论人者必先自论，欲知人者必先自知。

《诗》曰：“执辔如组。”孔子曰：“审此言也可以为天下。”子贡曰：“何其躁也？”孔子曰：“非谓其躁也，谓其为之于此，而成文于彼也。圣人组修其身，而成文于天下矣。”故子华子曰：“丘陵成而穴者安矣，（大水）深渊成而鱼鳖安矣，松柏成而涂之人已荫矣。”

孔子见鲁哀公，哀公曰：“有语寡人曰：‘为国家者，为之堂上而已矣。’寡人以为迂言也。”孔子曰：“此非迂言也。丘闻之：‘得之于身者得之人，失之于身者失之人。’不出于门户而天下治者，其唯知反于己身者乎！”

论　人

四曰——

主道约，君守近，太上反诸己，其次求诸人。其索之弥远者，其推之弥疏；其求之弥强者，〔其〕失之弥远。

何谓反诸己也？适耳目，节嗜欲，释智谋，去巧故，而游意乎无穷之次，事心乎自然之涂，若此则无以害其天矣。无以害其天则知精，知精则知神，知神之谓得一。凡彼万形，得一后成。故知〔知〕一，则应物变化，阔大渊深，不可测也。德行昭美，比于日月，不可息也。豪士时之，远方来宾，不可塞也。意气宣通，无所束缚，不可（收）〔牧〕也。故知知一，则复归于朴，嗜欲易足，取养节薄，不可得也。离世自乐，中情洁白，不可（量）〔墨〕也。威不能惧，严不能恐，不可服也。故知知一，则（可）动作当务，与时周旋，不可极也。举错以数，取与遵理，不可惑也。言无遗者，集〔于〕肌肤，不可革也。谗人困穷,贤者遂兴,不可匿也。故知知一,则若天地然,则何事之不胜,何物之不应?譬之若御者,反诸己,则车轻马利,致远复食而不倦。昔上世之亡主,以罪为在人,故日杀僇而不止,以至于亡而不悟。三代之兴王,以罪为在己,故日功而不衰,以至于王。

何谓求诸人?人同类而智殊,贤不肖异,皆巧言辩辞,以自防御,此不肖主之所以乱也。凡论人,通则观其所礼,贵则观其所进,富则观其所养,听则观其所行,止则观其所好,习则观其所言,穷则观其所不受,贱则观其所不为,喜之以验其守,乐之以验其僻,怒之以验其节,惧之以验其特,哀之以验其人,苦之以验其志,八观六验,此贤主之所以论人也。论人者,又必以六戚四隐。何谓六戚?父母兄弟妻子。何谓四隐?交友故旧邑里门郭。内则用六戚四隐,外则用八观六验,人之情伪贪鄙美恶无所失矣,譬之若逃雨,污无之而非是,此圣王之所以知人也。

圜　道

五曰——

天道圜,地道方,圣王法之,所以立上下。何以说天道之圜也?精气一上一下,圜周复杂,无所稽留,故曰天道圜。何以说地道之方也?万物殊类殊形,皆有分职,不能相为,故曰地道方。主执圜,臣处方,方圜不易,其国乃昌。

日夜一周,圜道也。月躔二十八宿,轸与角属,圜道也。精行四时,一上一下各与遇,圜道也。物动则萌,萌而生,生而长,长而大,大而成,成乃衰,衰乃杀,杀乃藏,圜道也。云气西行,云云然冬夏不辍,水泉东流,日夜不休;上不竭,下不满,小为大,重为轻,圜道也。黄帝曰:“帝无常处也;有处者乃无处也”,以言不刑蹇,圜道也。人之窍九,一有所居则八虚,八虚甚久则身毙。故唯而听,唯止;听而视，听止。以言说一，一不欲留，留运为败，圜道也。一也齐至贵，莫知其原，莫知其端，莫知其始，莫知其终，而万物以为宗。圣王法之，以令其性，以定其正，以出号令。令出于主口，官职受而行之，日夜不休，宣通下究，瀸于民心，遂于四方，还周复归，至于主所，圜道也。令圜则可不可善不善无所壅矣。无所壅者，主道通也。故令者，人主之所以为命也，贤不肖安危之所定也。人之有形体四枝，其能使之也，为其感而必知也。感而不知，则形体四枝不使矣。人臣亦然，号令不感，则不得而使矣。有之而不使，不若无有。主也者，使非有者也，舜、禹、汤、武皆然。

先王之立高官也，必使之方，方则分定，分定则下不相隐。尧、舜，贤主也，皆以贤者为后，不肯与其子孙，犹若立官必使之方。今世之人主，皆欲世勿失矣，而与其子孙，立官不能使之方，以私欲乱之也，何哉？其所欲者之远，而所知者之近也。今五音之无不应也，其分审也。宫徵商羽角，各处其处，音皆调均，不可以相违，此所以不受也。贤主之立官，有似于此。百官各处其职，治其事以待主，主无不安矣。以此治国，国无不利矣；以此备患，患无由至矣。

卷四　孟夏纪第四

孟　夏

一曰——

孟夏之月：日在毕，昏翼中，旦婺女中。其日丙丁。其帝炎帝。其神祝融。其虫羽。其音徵。律中仲吕。其数七。其性礼。其事视。其味苦。其臭焦。其祀灶。祭先肺。蝼蝈鸣。丘蚓出。王菩生。苦菜秀。天子居明堂左个，乘朱辂，驾赤骝，载赤旗，衣赤衣，服赤玉，食菽与鸡，其器高以粗。

是月也，以立夏。先立夏三日，太史谒之天子曰："某日立夏，盛德在火。"天子乃斋。立夏之日，天子亲率三公九卿大夫以迎夏于南郊，还，乃行赏，封侯庆赐，无不欣悦。乃命乐师习合礼乐。命太尉，赞杰俊，遂贤良，举长大。行爵出禄，必当其位。

是月也，继长增高，无有坏隳。无起土功，无发大众，无伐大树。

是月也，天子始絺。命野虞，出行田原。劳农劝民，无或失时。命司徒，循行县鄙。命农勉作，无伏于都。

是月也，驱兽无害五谷。无大田猎。农乃升麦。天子乃以彘尝麦，先荐寝庙。

是月也，聚蓄百药。靡草死。麦秋至。断薄刑，决小罪，出轻系。蚕事既毕，后妃献茧。乃收茧税，以桑为均，贵贱少长如一，以给郊庙之祭服。

是月也，天子饮酎，用礼乐。

行之是令，而甘雨至三旬。孟夏行秋令，则苦雨数来。五谷不滋,四鄙入保。行冬令,则草木早枯,后乃大水,败其城郭。行春令,则虫蝗为败,暴风来格,秀草不实。

劝　学

二曰——

先王之教,莫荣于孝,莫显于忠。忠孝,人君人亲之所甚欲也。显荣,人子人臣之所甚愿也。然而人君人亲不得其所欲,人子人臣不得其所愿,此生于不知理义。不知理义,生于不学。学者师达而有材,吾未知其不为圣人。圣人之所在,则天下理焉。在右则右重,在左则左重,是故古之圣王未有不尊师者也。尊师则不论其贵贱贫富矣。若此则名号显矣,德行彰矣。故师之教也,不争轻重尊卑(贫富),而争于道。其人苟可,其事无不可,所求尽得,所欲尽成,此生于得圣人。圣人生于疾学。不疾学而能为魁士名人者,未之尝有也。疾学在于尊师,师尊则言信矣,道论矣。故往教者不化,召师者不化,自卑者不听,卑师者不听。师操不化不听之术而以强教之,欲道之行、身之尊也,不亦远乎?学者处不化不听之势而以自行〔之〕,欲名之显、身之安也,是怀腐而欲香也,是入水而恶濡也。

凡说者,兑之也,非说之也。今世之说者,多弗能兑,而反说之。夫弗能兑而反说,是拯溺而硾之以石也,是救病而饮之以堇也,使世益乱;不肖主重惑者,从此生矣。故为师之务,在于胜理,在于行义。理胜义立则位尊矣,王公大人弗敢骄也,上至于天子,朝之而不惭。凡遇合也,合不可必,遗理释义以要不可必,而欲人之尊之也,不亦难乎?故师必胜理行义然后尊。

曾子曰:“君子行于道路,其有父者可知也,其有师者可知也。夫无父而无师者,馀若夫何哉!”此言事师之犹事父也。曾点使曾参,过期而不至,人皆见曾点曰:“无乃畏邪?”曾点曰:“彼虽畏,我存，夫安敢畏？”孔子畏于匡，颜渊后，孔子曰：“吾以汝为死矣。”颜渊曰：“子在，回何敢死？”颜回之于孔子也，犹曾参之事父也。古之贤者，与其尊师若此，故师尽智竭道以教。

尊　师

三曰——

神农师悉诸，黄帝师大挠，帝颛顼师伯夷父，帝喾师伯招，帝尧师子州支父，帝舜师许由，禹师大成贽，汤师小臣，文王、武王师吕望、周公旦，齐桓公师管夷吾，晋文公师咎犯、随会，秦穆公师百里奚、公孙枝，楚庄王师孙叔敖、沈尹巫，吴王阖闾师伍子胥、文之仪，越王句践师范蠡、大夫种。此十圣(人)六贤者，未有不尊师者也。今尊不至于帝，智不至于圣，而欲无尊师，奚由至哉？此五帝之所以绝，三代之所以灭。

且天生人也，而使其耳可以闻，不学，其闻不若聋；使其目可以见，不学，其见不若盲；使其口可以言，不学，其言不若爽；使其心可以知，不学，其知不若狂。故凡学，非能益也，达天性也。能全天之所生而勿败之，是谓善学。子张，鲁之鄙家也；颜涿聚，梁父之大盗也；学于孔子。段干木，晋国之大驵也，学于子夏。高何、县子石，齐国之暴者也，指于乡曲，学于子墨子。索卢参，东方之巨狡也，学于禽滑黎。此六人者，刑戮死辱之人也，今非徒免于刑戮死辱也，由此为天下名士显人，以终其寿，王公大人从而礼之，此得之于学也。

凡学，必务进业，心则无营，疾讽诵，谨司闻，观欢愉，问书意，顺耳目，不逆志，退思虑，求所谓，时辨说，以论道，不苟辨，必中法，得之无矜，失之无惭，必反其本。

生则谨养，谨养之道，养心为贵；死则敬祭，敬祭之术，时节为务；此所以尊师也。治唐圃，疾灌寖，务种树；织葩屦，结罝网，捆蒲苇;之田野,力耕耘,事五谷;如山林,入川泽,取鱼鳖,求鸟兽;此所以尊师也。视舆马,慎驾御;适衣服,务轻暖;临饮食,必蠲絜;善调和,务甘肥;必恭敬;和颜色,审辞令;疾趋翔,必严肃;此所以尊师也。

君子之学也,说义必称师以论道,听从必尽力以光明。听从不尽力,命之曰背;说义不称师,命之曰叛;背叛之人,贤主弗内之于朝,君子不与交友。故教也者,义之大者也;学也者,知之盛者也。义之大者,莫大于利人,利人莫大于教。知之盛者,莫大于成身,成身莫大于学。身成则为人子弗使而孝矣,为人臣弗令而忠矣,为人君弗强而平矣,有大势可以为天下正矣。故子贡问孔子曰:“后世将何以称夫子?”孔子曰:“吾何足以称哉?勿已者,则好学而不厌,好教而不倦,其惟此耶。”天子入太学,祭先圣,则齿尝为师者弗臣,所以见敬学与尊师也。

诬 徒

四曰——

达师之教也,使弟子安焉、乐焉、休焉、游焉、肃焉、严焉。此六者得于学,则邪辟之道塞矣,理义之术胜矣。此六者不得于学,则君不能令于臣,父不能令于子,师不能令于徒。人之情,不能乐其所不安,不能得于其所不乐。为之而乐矣,奚待贤者?虽不肖者犹若劝之。为之而苦矣,奚待不肖者?虽贤者犹不能久。反诸人情,则得所以劝学矣。子华子曰:“王者乐其所以王,亡者亦乐其所以亡,故烹兽不足以尽兽,嗜其脯则几矣。”然则王者有嗜乎理义也,亡者亦有嗜乎暴慢也。所嗜不同,故其祸福亦不同。

不能教者,志气不和,取舍数变,固无恒心,若晏阴喜怒无处;言谈日易,以恣自行,失之在己,不肯自非,愎过自用,不可证移;见权亲势及有富厚者，不论其材，不察其行，驱而教之，阿而谄之，若恐弗及；弟子居处修洁，身状出伦，闻识疏达，就学敏疾，本业几终者，则从而抑之，难而悬之，妒而恶之；弟子去则冀终，居则不安，归则愧于父母兄弟，出则惭于知友邑里；此学者之所悲也，此师徒相与异心也。人之情，恶异于己者，此师徒相与造怨尤也。人之情，不能亲其所怨，不能誉其所恶，学业之败也，道术之废也，从此生矣。善教者则不然，视徒如己，反己以教，则得教之情也。所加于人，必可行于己，若此则师徒同体。人之情，爱同于己者，誉同于己者，助同于己者，学业之章明也，道术之大行也，从此生矣。

不能学者，从师苦而欲学之功也，从师浅而欲学之深也。草木鸡狗牛马，不可谯诟遇之，谯诟遇之，则亦谯诟报人，又况乎达师与道术之言乎？故不能学者，遇师则不中，用心则不专，好之则不深，就业则不疾，辩论则不审，教人则不精；(于师愠)〔愠于师〕，怀于俗，羁神于世；矜势好尤，(故)湛于巧智，昏于小利，惑于嗜欲；问事则前后相悖，以章则有异心，以简则有相反；离则不能合，合则弗能离，事至则不能受。此不能学者之患也。

用　众

五曰——

善学者若齐王之食鸡也，必食其跖数千而后足，虽不足，犹若有跖。

物固莫不有长，莫不有短。人亦然。故善学者，假人之长以补其短。故假人者遂有天下。

无丑不能，无恶不知。丑不能、恶不知病矣，不丑不能、不恶不知尚矣。虽桀、纣犹有可畏可取者，而况于贤者乎？

故学士曰："辩议不可(不)为。"辩议而苟可为，是教也。教，大议也。辩议而不可为，是被褐而出，衣锦而入。

戎人生乎戎，长乎戎而戎言，不知其所受之；楚人生乎楚，长乎楚而楚言，不知其所受之。今使楚人长乎戎，戎人长乎楚，则楚人戎言，戎人楚言矣。由是观之，吾未知亡国之主不可以为贤主也，其所生长者不可耳。故所生长不可不察也。

天下无粹白之狐，而有粹白之裘，取之众白也。夫取于众，此三皇、五帝之所以大立功名也。凡君之所以立，出乎众也。立已定而舍其众，是得其末而失其本。得其末而失其本，不闻安居。故以众勇无畏乎孟贲矣，以众力无畏乎乌获矣，以众视无畏乎离娄矣，以众知无畏乎尧、舜矣。夫以众者，此君人之大宝也。田骈谓齐王曰："孟贲庶乎患术，而边境弗患；楚、魏之王，辞言不说，而境内已修备矣，兵士已修用矣；得之众也。"

卷五　仲夏纪第五

仲　夏

一曰——

仲夏之月：日在东井，昏亢中，旦危中。其日丙丁。其帝炎帝，其神祝融。其虫羽。其音徵。律中蕤宾。其数七。其味苦。其臭焦。其祀灶。祭先肺。小暑至。螳螂生，䴗始鸣。反舌无声。天子居明堂太庙，乘朱辂，驾赤骝，载赤旗，衣朱衣，服赤玉，食菽与鸡。其器高以粗。养壮狡。

是月也，命乐师，修鞀鞞鼓，均琴瑟管箫，执干戚戈羽，调竽笙埙篪，饬钟磬柷敔。命有司，为民祈祀山川百原，大雩帝，用盛乐。乃命百县，雩祭祀百辟卿士有益于民者，以祈谷实。农乃登黍。

是月也，天子以雏尝黍，羞以含桃，先荐寝庙。令民无刈蓝以染，无烧炭，无暴布。门闾无闭，关市无索。挺重囚，益其食。游牝别其群，则絷腾驹，班马(正)〔政〕。

是月也，日长至。阴阳争，死生分。君子斋戒，处必掩，身欲静无躁，止声色，无或进，薄滋味，无致和，退嗜欲，定心气，百官静，事无刑，以定晏阴之所成。鹿角解。蝉始鸣。半夏生，木堇荣。

是月也，无用火南方。可以居高明，可以远眺望，可以登山陵，可以处台榭。

仲夏行冬令，则雹霰伤谷，道路不通，暴兵来至。行春令，则五谷晚熟，百螣时起，其国乃饥。行秋令，则草木零落，果实早成，民殃于疫。

大 乐

二曰——

(音)乐之所由来者远矣,生于度量,本于太一。太一出两仪,两仪出阴阳。阴阳变化,一上一下,合而成章。浑浑沌沌,离则复合,合则复离,是谓天常。天地车轮,终则复始,极则复反,莫不咸当。日月星辰,或疾或徐,日月不同,以尽其行。四时代兴,或暑或寒,或短或长,或柔或刚。万物所出,造于太一,化于阴阳。萌芽始震,凝溓以形。形体有处,莫不有声。声出于和,和出于适。(和适)先王定乐,由此而生。

天下太平,万(物)〔民〕安宁,皆化其上,乐乃可成。成乐有具,必节嗜欲。嗜欲不辟,乐乃可务。务乐有术,必有平出。平出于公,公出于道。故惟得道之人,其可与言乐乎!亡国戮民,非无乐也,其乐不乐。溺者非不笑也,罪人非不歌也,狂者非不武也,乱世之乐,有似于此。君臣失位,父子失处,夫妇失宜,民人呻吟,其以为乐也,若之何哉?

凡乐,天地之和,阴阳之调也。始生人者天也,人无事焉。天使人有欲,人弗得不求。天使人有恶,人弗得不辟。欲与恶所受于天也,人不得兴焉,不可变,不可易。世之学者,有非乐者矣,安由出哉?

大乐,君臣父子长少之所欢欣而说也。欢欣生于平,平生于道。道也者,视之不见,听之不闻,不可为状。有知不见之见,不闻之闻,无状之状者,则几于知之矣。道也者,至精也,不可为形,不可为名,强为之〔名〕,谓之太一。故一也者制令,两也者从听。先圣择两法一,是以知万物之情,故能以一听政者,乐君臣,和远近,说黔首,合宗亲。能以一治其身者,免于灾,终其寿,全其天。能以一治其国者,奸邪去,贤者至,(成)大化〔成〕。能以一治天下者,寒暑适,风雨时,为圣人。故知一则明,明两则狂。

侈　乐

三曰——

人莫不以其生生,而不知其所以生。人莫不以其知知,而不知其所以知。知其所以知之谓知道,不知其所以知之谓弃宝。弃宝者必离其咎。世之人主,多以珠玉戈剑为宝,〔宝〕愈多而民愈怨,国(人)愈危,身愈(危)累,则失宝之情矣。乱世之乐与此同。为木革之声则若雷,为金石之声则若霆,为丝竹歌舞之声则若噪。以此骇心气、动耳目、摇荡生则可矣,以此为乐则不乐。故乐愈侈,而民愈郁,国愈乱,主愈卑,则亦失乐之情矣。

凡古圣王之所为贵乐者,为其乐也。夏桀、殷纣作为侈乐,大鼓钟磬管箫之音,以巨为美,以众为观,俶诡殊瑰,耳所未尝闻,目所未尝见,务以相过,不用度量。宋之衰也,作为千钟。齐之衰也,作为大吕。楚之衰也,作为巫音。侈则侈矣,自有道者观之,则失乐之情。失乐之情,其乐不乐。乐不乐者,其民必怨,其生必伤。其生之与乐也,若冰之于炎日,反以自兵。此生乎不知乐之情,而以侈为务故也。

乐之有情,譬之若肌肤形体之有情性也,有情性则必有性养矣。寒温劳逸饥饱,此六者非适也。凡养也者,瞻非适而以之适者也。能以久处其适,则生长矣。生也者,其身固静,或而后知,或使之也。遂而不返,制乎嗜欲,制乎嗜欲(无穷)则必失其天矣。且夫嗜欲无穷,则必有贪鄙悖乱之心,淫佚奸诈之事矣。故强者劫弱,众者暴寡,勇者凌怯,壮者慠幼,从此生矣。

适 音

四曰——

耳之情欲声，心不乐，五音在前弗听。目之情欲色，心弗乐，五色在前弗视。鼻之情欲芬香，心弗乐，芬香在前弗嗅。口之情欲滋味，心弗乐，五味在前弗食。欲之者，耳目鼻口也；乐之弗乐者，心也。心必和平然后乐，心（必）乐然后耳目鼻口有以欲之，故乐之务在于和心，和心在于行适。

夫乐有适，心亦有适。人之情，欲寿而恶夭，欲安而恶危，欲荣而恶辱，欲逸而恶劳。四欲得，四恶除，则心适矣。四欲之得也，在于胜理。胜理以治身则生全（以），生全则寿长矣。胜理以治国则法立，法立则天下服矣。故适心之务在于胜理。

夫音亦有适，太巨则志荡，以荡听巨则耳不容，不容则横塞，横塞则振。太小则志嫌，以嫌听小则耳不充，不充则不詹，不詹则窕。太清则志危，以危听清则耳谿极，谿极则不鉴，不鉴则竭。太浊则志下，以下听浊则耳不收，不收则不特，不特则怒。故太巨、太小、太清、太浊皆非适也。

何谓适？衷音之适也。何谓衷？大不出钧，重不过石，小大轻重之衷也。黄钟之宫，音之本也，清浊之衷也。衷也者适也，以适听适则和矣。乐无太，（平）和者是也。故治世之音安以乐，其政平也；乱世之音怨以怒，其政乖也；亡国之音悲以哀，其政险也。凡音乐通乎政，而移风平俗者也，俗定而音乐化之矣。故有道之世，观其音而知其俗矣，〔观其俗而知其政矣〕，观其政而知其主矣。故先王必托于音乐以论其教。《清庙》之瑟，朱弦而疏越，一唱而三叹，有进乎音者矣。大飨之礼，上玄尊而俎生鱼，大羹不和，有进乎味者也。故先王之制礼乐也，非特以欢耳目、极口腹之欲也，将以教民平好恶，行理义也。

古　乐

五曰——

乐所由来者尚也，必不可废。有节有侈，有正有淫矣。贤者以昌，不肖者以亡。

昔古朱襄氏之治天下也，多风而阳气畜积，万物散解，果实不成，故士达作为五弦瑟，以来阴气，以定群生。

昔葛天氏之乐，三人操牛尾投足以歌八阕：一曰《载民》，二曰《玄鸟》，三曰《遂草木》，四曰《奋五谷》，五曰《敬天常》，六曰《达帝功》，七曰《依地德》，八曰《总万物之极》。

昔陶唐氏之始，阴多滞伏而湛积，水道壅塞，不行其原，民气郁阏而滞著，筋骨瑟缩不达，故作为舞以宣导之。

昔黄帝令伶伦作为律。伶伦自大夏之西，乃之阮隃之阴，取竹于，嶰谿之谷，以生空窍厚钧者、断两节间、其长三寸九分而吹之，以为黄钟之宫，吹曰“舍少”。次制十二筒，以之阮隃之下，听凤皇之鸣，以别十二律。其雄鸣为六，雌鸣亦六，以比黄钟之宫，适合。黄钟之宫，皆可以生之，故曰黄钟之宫，律吕之本。黄帝又命伶伦与荣将铸十二钟，以和五音，以施《英韶》，以仲春之月，乙卯之日，日在奎，始奏之，命之曰《咸池》。

帝颛顼生自若水，实处空桑，乃登为帝。惟天之合，正风乃行，其音若熙熙凄凄锵锵。帝颛顼好其音，乃令飞龙作效八风之音，命之曰《承云》，以祭上帝。乃令鱓先为乐倡，鱓乃偃寝，以其尾鼓其腹，其音英英。

帝喾命咸黑作为《声歌》——《九招》《六列》《六英》。有倕作为鼙鼓钟磬（吹）苓管埙篪（鞀椎钟）。帝喾乃令人抃（或）鼓鼙，击钟磬，吹苓展管篪。因令凤鸟、天翟舞之。帝喾大喜，乃以康帝德。

帝尧立，乃命质为乐。质乃效山林谿谷之音以歌，乃以麋輅置缶而鼓之，乃拊石击石，以象上帝玉磬之音，以（致）舞百兽。瞽叟乃拌五弦之瑟，（作）以为十五弦之瑟。命之曰《大章》，以祭上帝。

舜立，仰延乃拌瞽叟之所为瑟，益之八弦，以为二十三弦之瑟。帝舜乃令质修《九招》《六列》《六英》，以明帝德。

禹立，勤劳天下，日夜不懈，通大川，决壅塞，凿龙门，（降）通漻水以导河，疏三江五湖，注之东海，以利黔首。于是命皋陶作为《夏籥》九成，以昭其功。

殷汤即位，夏为无道，暴虐万民，侵削诸侯，不用轨度，天下患之。汤于是率六州以讨桀罪，功名大成，黔首安宁。汤乃命伊尹作为《大护》，歌《晨露》，修《九招》《六列》〔《六英》〕，以见其善。

周文王处岐，诸侯去殷（三）〔之〕淫而翼文王。散宜生曰："殷可伐也。"文王弗许。周公旦乃作诗曰："文王在上，於昭于天，周虽旧邦，其命维新"，以绳文王之德。

武王即位，以六师伐殷，六师未至，以锐兵克之于牧野。归，乃荐俘馘于京太室，乃命周公（为作）〔作为〕《大武》。

成王立，殷民反，王命周公践伐之。商人服象，为虐于东夷，周公遂以师逐之，至于江南，乃为《三象》，以嘉其德。

故乐之所由来者尚矣，非独为一世之所造也。

卷六　季夏纪第六

季　夏

一曰——

季夏之月：日在柳，昏心中，旦奎中。其日丙丁。其帝炎帝。其神祝融。其虫羽。其音徵。律中林钟。其数七。其味苦。其臭焦。其祀灶。祭先肺。凉风始至。蟋蟀居宇。鹰乃学习。腐草化为蚈。天子居明堂右个，乘朱辂，驾赤骝，载赤旗，衣朱衣，服赤玉，食菽与雉。其器高以粗。

是月也，令渔师伐蛟取鼍，升龟取鼋。乃命虞人入材苇。

是月也，令四监大夫合百县之秩刍，以养牺牲。令民无不咸出其力，以供皇天上帝、名山大川、四方之神，以祀宗庙社稷之灵，为民祈福。

是月也，命妇官染采，黼黻文章，必以法故，无或差忒，黑黄苍赤，莫不质良，勿敢伪诈，以给郊庙祭祀之服，以为旗章，以别贵贱等级之度。

是月也，树木方盛，乃命虞人入山行木，无或斩伐。不可以兴土功，不可以合诸侯，不可以起兵动众。无举大事，以摇荡于气。无发令而干时，以妨神农之事。水潦盛昌，命神农，将巡功。举大事则有天殃。

是月也，土润溽暑，大雨时行，烧薙行水，利以杀草，如以热汤，可以粪田畴，可以美土疆。

行之是令，是月甘雨三至，三旬二日。季夏行春令，则谷实解落,国多风欬,人乃迁徙。行秋令,则丘隰水潦,禾稼不熟,乃多女灾。行冬令,则寒气不时,鹰隼早鸷,四鄙入保。

中央土,其日戊己。其帝黄帝。其神后土。其虫倮。其音宫。律中黄钟之宫。其数五。其味甘。其臭香。其祀中霤。祭先心。天子居太庙太室,乘大辂,驾黄骝,载黄旂,衣黄衣,服黄玉,食稷与牛。其器圜以掩。

音　律

二曰——

黄钟生林钟,林钟生太蔟,太蔟生南吕,南吕生姑洗,姑洗生应钟,应钟生蕤宾,蕤宾生大吕,大吕生夷则,夷则生夹钟,夹钟生无射,无射生仲吕。三分所生,益之一分以上生;三分所生,去其一分以下生。黄钟、大吕、太蔟、夹钟、姑洗、仲吕、蕤宾为上,林钟、夷则、南吕、无射、应钟为下。

大圣至理之世,天地之气,合而生风,日至则月钟其风,以生十二律。仲冬日短至,则生黄钟。季冬生大吕。孟春生太蔟。仲春生夹钟。季春生姑洗。孟夏生仲吕。仲夏日长至,则生蕤宾。季夏生林钟。孟秋生夷则。仲秋生南吕。季秋生无射。孟冬生应钟。天地之风气正,则十二律定矣。

黄钟之月,土事无作,慎无发盖,以固天闭地,阳气且泄。大吕之月,数将几终,岁且更起,〔专〕而农民,无有所使。太蔟之月,阳气始生,草木繁动,令农发土,无或失时。夹钟之月,宽裕和平,行德去刑,无或作事,以害群生。姑洗之月,达道通路,沟渎修利,申之此令,嘉气趣至。仲吕之月,无聚大众,巡劝农事,草木方长,无携民(心)〔志〕。蕤宾之月,阳气在上,安壮养侠,本朝不静,草木早槁。林钟之月,草木盛满,阴将始刑,无发大事,以将阳气。夷则之月,修法饬刑，选士厉兵，诘诛不义，以怀远方。南吕之月，蛰虫入穴，趣农收聚，无敢懈怠，以多为务。无射之月，疾断有罪，当法勿赦，无留狱讼，以亟以故。应钟之月，阴阳不通，闭而为冬，修别丧纪，审民所终。

音　初

三曰——

夏后氏孔甲田于东阳萯山，天大风晦盲，孔甲迷惑，入于民室，主人方乳，或曰"后来是良日也，之子是必大吉"，或曰"不胜也，之子是必有殃"。后乃取其子以归，曰："以为余子，谁敢殃之？"子长成人，幕动拆橑，斧斫斩其足，遂为守门者。孔甲曰："呜呼！有疾，命矣夫！"乃作为《破斧》之歌，实始为东音。

禹行功，见涂山之女，禹未之遇而巡省南土。涂山氏之女乃令其妾待禹于涂山之阳，女乃作歌，歌曰"候人兮猗"，实始作为南音。周公及召公取风焉，以为《周南》《召南》。

周昭王亲将征荆，辛馀靡长且多力，为王右。还反涉汉，梁败，王及蔡公抎于汉中，辛馀靡振王北济，又反振蔡公。周公乃侯之于西翟，实为长公。殷整甲徙宅西河，犹思故处，实始作为西音，长公继是音以处西山，秦缪公取风焉，实始作为秦音。

有娀氏有二佚女，为之九成之台，饮食必以鼓。帝令燕往视之，鸣若谥隘。二女爱而争搏之，覆以玉筐，少选，发而视之，燕遗二卵，北飞，遂不反，二女作歌一终，曰"燕燕往飞"，实始作为北音。

凡音者，产乎人心者也。感于心则荡乎音，音成于外而化乎内，是故闻其声而知其风，察其风而知其志，观其志而知其德。盛衰、贤不肖、君子小人皆形于乐，不可隐匿，故曰乐之为观也深矣。土弊则草木不长，水烦则鱼鳖不大，世浊则礼烦而乐淫。郑卫之声，桑间之音，此乱国之所好，衰德之所说。流辟诛越慆滥之音出，则滔荡之气、邪慢之心感矣；感则百奸众辟从此产矣。故君子反道以修德，正德以出乐，和乐以成顺。乐和而民乡方矣。

制　乐

四曰——

欲观至乐，必于至治。其治厚者其乐治厚，其治薄者其乐治薄，乱世则慢以乐矣。今窒闭户牖，动天地，一室也。故成汤之时，有谷生于庭，昏而生，比旦而大拱，其吏请卜其故。汤退卜者曰："吾闻祥者福之先者也，见祥而为不善则福不至；妖者祸之先者也，见妖而为善则祸不至。"于是早朝晏退，问疾吊丧，务镇抚百姓，三日而谷亡，故祸兮福之所倚，福兮祸之所伏，圣人所独见，众人焉知其极。

周文王立国八年，岁六月，文王寝疾五日而地动，东西南北，不出国郊，百吏皆请曰："臣闻地之动，为人主也。今王寝疾五日而地动。四面不出周郊，群臣皆恐，曰'请移之'。"文王曰："若何其移之也?"对曰："兴事动众，以增国城，其可以移之乎?"文王曰："不可。夫天之见妖也，以罚有罪也。我必有罪，故天以此罚我也。今故兴事动众以增国城，是重吾罪也。不可。"文王曰："昌也请改行重善以移之，其可以免乎。"于是谨其礼秩皮革，以交诸侯；饬其辞令，币帛，以礼豪士；颁其爵列等级田畴，以赏群臣。无几何，疾乃止。文王即位八年而地动，已动之后四十三年，凡文王立国五十一年而终，此文王之所以止殃剪妖也。

宋景公之时，荧惑在心，公惧，召子韦而问焉，曰："荧惑在心，何也?"子韦曰："荧惑者，天罚也；心者，宋之分野也；祸当于君。虽然，可移于宰相。"公曰："宰相所与治国家也，而移死焉，不祥。"子韦曰："可移于民。"公曰："民死，寡人将谁为君乎？宁独死。"子韦曰："可移于岁。"公曰:"岁害则民饥,民饥必死。为人君而杀其民以自活也,其谁以我为君乎？是寡人之命固尽已,子无复言矣。"子韦还走,北面载拜曰:"臣敢贺君。天之处高而听卑。君有至德之言三,天必三赏君。今夕荧惑其徙三舍。君延年二十一岁。"公曰:"子何以知之?"对曰:"有三善言,必有三赏。荧惑有三徙舍,舍行七星,星一徙当一年,三七二十一,臣故曰君延年二十一岁矣。臣请伏于陛下以(伺)候之。荧惑不徙,臣请死。"公曰:"可。"是夕荧惑果徙三舍。

明　理

五曰——

五帝三王之于乐尽之矣。乱国之主,未尝知乐者,是常主也。夫有天赏得为主,而未尝得主之实,此之谓大悲。是正坐于夕室也,其所谓正,乃不正矣。

凡生非一气之化也,长非一物之任也,成非一形之功也。故众正之所积,其福无不及也;众邪之所积,其祸无不逮也。其风雨则不适,其甘雨则不降,其霜雪则不时,〔其〕寒暑则不当,阴阳失次,四时易节,人民淫烁不固,禽兽胎消不殖,草木庳小不滋,五谷萎败不成,其以为乐也,若之何哉？故至乱之化,君臣相贼,长少相杀,父子相忍,弟兄相诬,知交相倒,夫妻相冒,日以相危,失人之纪,心若禽兽,长邪苟利,不知义理。

其云状:有若犬、若马、若白鹄、若众车;有其状若人,苍衣赤首,不动,其名曰天衡;有其状若悬釜而赤,其名曰云旍;有其状若众马以斗,其名曰滑马;有其状若众植华以长,黄上白下,其名蚩尤之旗。其日有斗蚀,有倍僪,有晕珥,有不光,有不及景,有众日并出,有昼盲,有霄见。其月有薄蚀,有晖珥,有偏盲,有四月并出,有二月并见,有小月承大月,有大月承小月,有月蚀星,有出而无光。其星有荧惑，有彗星，有天棓，有天欃，有天竹，有天英，有天干，有贼星，有斗星，有宾星。其气有上不属天，下不属地，有丰上杀下，有若水之波，有若山之楫，春则黄，夏则黑，秋则苍，冬则赤。其妖孽有生如带，有鬼投其陴，有菟生雉，雉亦生鴳，有螟集其国，其音匈匈，国有游蚰西东，马牛乃言，犬彘乃连，有狼入于国，有人自天降，市有舞鸱，国有行飞，马有生角，雄鸡五足，有豕生而弥，鸡卵多假，有社迁处，有豕生狗。国有此物，其主不知惊惶亟革，上帝降祸，凶灾必亟。其残亡死丧，殄绝无类，流散循饥无日矣。此皆乱国之所生也，不能胜数，尽荆、越之竹，犹不能书。故子华子曰："夫乱世之民，长短颉許，百疾〔俱作〕，民多疫疠，道多褓繈，盲秃伛尪，万怪皆生。"故乱世之主，乌闻至乐？不闻至乐，其乐不乐。

卷七　孟秋纪第七

孟　秋

一曰——

孟秋之月：日在翼，昏斗中，旦毕中。其日庚辛。其帝少皞。其神蓐收。其虫毛。其音商。律中夷则。其数九。其味辛。其臭腥。其祀门。祭先肝。凉风至。白露降。寒蝉鸣。鹰乃祭鸟。始用行戮。天子居总章左个，乘戎路，驾白骆，载白旗，衣白衣，服白玉，食麻与犬，其器廉以深。

是月也，以立秋。先立秋三日，太史谒之天子，曰："某日立秋，盛德在金。"天子乃斋。立秋之日，天子亲率三公九卿诸侯大夫以迎秋于西郊。还，乃赏军率武人于朝。天子乃命将帅，选士厉兵，简练桀俊；专任有功，以征不义；诘诛暴慢，以明好恶，巡彼远方。

是月也，命有司，修法制，缮囹圄，具桎梏，禁止奸，慎罪邪，务搏执。命理，瞻伤察创，视折审断；决狱讼，必正平；戮有罪，严断刑。天地始肃，不可以赢。

是月也，农乃升谷。天子尝新，先荐寝庙。命百官，始收敛。完堤防，谨壅塞，以备水潦。修宫室，坿墙垣，补城郭。

是月也，无以封侯、立大官，无割土地、行重币、出大使。

行之是令，而凉风至三旬。孟秋行冬令，则阴气大胜，介虫败谷，戎兵乃来。行春令，则其国乃旱，阳气复还，五谷不实。行夏令，则多火灾，寒热不节，民多疟疾。

荡　兵

二曰——

古圣王有义兵而无有偃兵。兵之所自来者上矣，与始有民俱。凡兵也者，威也，威也者，力也。民之有威力，性也。性者所受于天也，非人之所能为也，武者不能革，而工者不能移。兵所自来者久矣，黄、炎故用水火矣，共工氏固次作难矣，五帝固相与争矣。递兴〔递〕废，胜者用事。人曰“蚩尤作兵”，蚩尤非作兵也，利其械矣。未有蚩尤之时，民固剥林木以战矣，胜者为长。长则犹不足治之，故立君。君又不足以治之，故立天子。天子之立也出于君，君之立也出于长，长之立也出于争。争斗之所自来者久矣，不可禁，不可止，故古之(贤)〔圣〕王有义兵而无有偃兵。

家无怒笞，则竖子婴儿之有过也立见；国无刑罚，则百姓之悟相侵也立见；天(下)〔子〕无诛伐，则诸侯之相暴也立见。故怒笞不可偃于家，刑罚不可偃于国，诛伐不可偃于天下，有巧有拙而已矣。故古之圣王有义兵而无有偃兵。

夫有以噎死者，欲禁天下之食，悖；有以乘舟死者，欲禁天下之船，悖；有以用兵丧其国者，欲偃天下之兵，悖。夫兵不可偃也。譬之若水火然，善用之则为福，不能用之则为祸；若用药者然，得良药则活人，得恶药则杀人。义兵之为天下良药也亦大矣。

且兵之所自来者远矣，未尝少选不用，贵贱长少贤者不肖相与同，有巨有微而已矣。察兵之微：在心而未发，兵也；疾视，兵也；作色，兵也；傲言，兵也；援推，兵也；连反，兵也；(侈)〔倗〕斗，兵也；三军攻战，兵也。此八者皆兵也，微巨之争也。今世之以偃兵疾说者，终身用兵而不自知悖，故说虽强，谈虽辨，文学虽博，犹不见听。故古之圣王有义兵而无有偃兵。兵诚义，以诛暴君而振苦民，民之说也，若孝子之见慈亲也，若饥者之见美食也；民之号呼而走之，若强弩之射于深溪也，若积大水而失其壅堤也。中主犹若不能有其民，而况于暴君乎？

振乱

三曰——

当今之世，浊甚矣，黔首之苦，不可以加矣。天子既绝，贤者废伏，世主恣行，与民相离，黔首无所告诉。世有贤主秀士，宜察此论也，则其兵为义矣。天下之民，且死者也而生，且辱者也而荣，且苦者也而逸。世主恣行，则中人将逃其君、去其亲，又况于不肖者乎？故义兵至，则世主不能有其民矣，人亲不能禁其子矣。

凡为天下之民长也，虑莫如长有道而息无道，赏有义而罚不义。今之世，学者多非乎攻伐。非攻伐而取救守，取救守则乡之所谓长有道而息无道、赏有义而罚不义之术不行矣。天下之（长民）〔民长〕，其利害在察此论也。攻伐之与救守一实也，而取舍人异，以辨说去之，终无所定论。固不知，悖也；知而欺心，诬也。诬悖之士，虽辨无用矣。是非其所取而取其所非也，是利之而反害之也，安之而反危之也。为天下之长患，致黔首之大害者，若说为深。夫以利天下之民为心者，不可以不熟察此论也。

夫攻伐之事，未有不攻无道而（罚）〔伐〕不义也。攻无道而伐不义，则福莫大焉，黔首利莫厚焉。禁之者，是息有道而（伐）〔罚〕有义也，是穷汤、武之事而遂桀、纣之过也。凡人之所以恶为无道〔行〕不义者，为其罚也；所以蕲〔为〕有道行有义者，为其赏也。今无道不义存，存者赏之也；而有道行义穷，穷者罚之也。赏不善而罚善，欲民之治也，不亦难乎？故乱天下害黔首者，若论为大。

禁塞

四曰——

夫救守之心,未有不守无道而救不义也。守无道而救不义,则祸莫大焉,为天下之民害莫深焉。

凡救守者,太上以说,其次以兵。以说则承从多群,日夜思之,事心任精,起则诵之,卧则梦之,自今单唇干肺,费神伤魂,上称三皇五帝之业以愉其意,下称五伯名士之谋以信其事,早朝晏罢,以告制兵者,行说语众,以明其道。道毕说单而不行,则必反之兵矣。反之于兵,则必斗争,〔斗争〕之情,必且杀人,是杀无罪之民以兴无道与不义者也。无道不义者存,是长天下之害,而止天下之利,虽欲幸而胜,祸且始长。先王之法曰:“为善者赏,为不善者罚”,古之道也,不可易。今不别其义与不义,而疾取救守,不义莫大焉,害天下之民者莫甚焉。故取攻伐者不可,非攻伐不可,取救守不可,非救守不可,取惟义兵为可。兵苟义,攻伐亦可,救守亦可。兵不义,攻伐不可,救守不可。使夏桀、殷纣无道至于此者,幸也;使吴夫差、智伯瑶侵夺至于此者,幸也;使晋厉、陈灵、宋康不善至于此者,幸也。若令桀、纣知必国亡身死,殄无后类,吾未知其(厉)为无道之至于此也;吴王夫差、智伯瑶知必国为丘墟,身为刑戮,吾未知其为(不善无道)侵夺之至于此也;晋厉知必死于匠丽氏,陈灵知必死于夏征舒,宋康知必死于温,吾未知其为不善之至于此也。此七君者,大为无道不义:所残杀无罪之民者,不可为万数;壮佼老幼胎胰之死者,大实平原;(广)堙深溪大谷,赴巨水,积〔芦〕灰;填沟洫险阻,犯流矢,蹈白刃;加之以冻饿饥寒之患。以至于今之世,为之愈甚,故暴骸骨无量数,为京丘若山陵。世有兴主仁士,深意念此,亦可以痛心矣,亦可以悲哀矣。察此其所自生,生于有道者之废,而无道者之恣行。夫无道者之恣行，幸矣。故世之患，不在救守，而在于不肖者之幸也。救守之说出，则不肖者益幸也，贤者益疑矣。故大乱天下者，在于不论其义而疾取救守。

怀　宠

五曰——

凡君子之说也，非苟辨也；士之议也，非苟语也。必中理然后说，必当义然后议。故说义而王公大人益好理矣，士民黔首益行义矣。义理之道彰，则暴虐奸诈侵夺之术息也。

暴虐奸诈之与义理反也，其势不俱胜，不两立。故〔义〕兵入于敌之境，则〔士〕民知所庇矣，黔首知不死矣。至于国邑之郊，不虐五谷，不掘坟墓，不伐树木，不烧积聚，不焚室屋，不取六畜。得民虏奉而题归之，以彰好恶；信与民期，以夺敌资。若此而犹有（忧恨）〔愎狠〕冒疾遂过不听者，虽行武焉亦可矣。

先发声出号曰："兵之来也，以救民之死。子之在上无道，据傲荒怠，贪戾虐众，恣睢自用也，辟远圣制，謷丑先王，（排）〔诽〕訾旧典，上不顺天，下不惠民，征敛无期，求索无厌，罪杀不辜，庆赏不当。若此者，天之所诛也，人之所仇也，不当为君。今兵之来也，将以诛不当为君者也，以除民之仇而顺天之道也。民有逆天之道，卫人之仇者，身死家戮不赦。有能以家听者，禄之以家；以里听者，禄之以里；以乡听者，禄之以乡；以邑听者，禄之以邑；以国听者，禄之以国。"故克其国，不及其民，独诛所诛而已矣。举其秀士而封侯之，选其贤良而尊显之，求其孤寡而振恤之，见其长老而敬礼之。皆益其禄，加其级。论其罪人而救出之；分府库之金，散仓廪之粟，以镇抚其众，不私其财；问其丛社大祠，民之所不欲废者而复兴之，曲加其祀礼。是以贤者荣其名，而长老说其礼，民怀其德。

今有人于此,能生死一人,则天下必争事之矣。义兵之生(一)〔死〕人亦多矣,人孰不说?故义兵至,则邻国之民归之若流水,诛国之民望之若父母,行地滋远,得民滋众,兵不接刃而民服若化。

卷八　仲秋纪第八

仲　秋

一曰——

仲秋之月：日在角，昏牵牛中，旦觜巂中。其日庚辛。其帝少皞。其神蓐收。其虫毛。其音商。律中南吕。其数九。其味辛。其臭腥。其祀门。祭先肝。凉风生。候鸟来。玄鸟归。群鸟养羞。天子居总章太庙，乘戎路，驾白骆，载白旂，衣白衣，服白玉，食麻与犬。其器廉以深。

是月也，养衰老，授几杖，行麋粥饮食。乃命司服，具饬衣裳，文绣有常，制有小大，度有短长，衣服有量，必循其故，冠带有常。命有司，申严百刑，斩杀必当，无或枉桡，枉桡不当，反受其殃。

是月也，乃命宰祝，巡行牺牲：视全具；案刍豢；瞻肥瘠，察物色，必比类；量小大，视长短，皆中度。五者备当，上帝其享。天子乃傩，御佐疾，以通秋气。以犬尝麻，先祭寝庙。

是月也，可以筑城郭，建都邑，穿窦窌，修囷仓。乃命有司，趣民收敛，务蓄菜，多积聚。乃劝种麦，无或失时，〔其有失时〕，行罪无疑。

是月也，日夜分。雷乃始收声。蛰虫俯户。杀气浸盛，阳气日衰。水始涸。日夜分，则一度量，平权衡，正钧石，齐斗甬。

是月也，易关市，来商旅，入货贿，以便民事。四方来杂，远乡皆至，则财物不匮，上无乏用，百事乃遂。凡举事无逆天数，必顺其时，乃因其类。

行之是令,白露降三旬。仲秋行春令,则秋雨不降,草木生荣,国乃有大恐。行夏令,则其国旱,蛰虫不藏,五谷复生。行冬令,则风灾数起,收雷先行,草木早死。

论威

二曰——

义也者,万事之纪也,君臣上下亲疏之所由起也,治乱安危过胜之所在也。过胜之〔道〕,勿求于他,必反于己。

人情欲生而恶死,欲荣而恶辱。死生荣辱之道一,则三军之士可使一心矣。

凡军欲其众也,心欲其一也,三军一心则令可使无敌矣。令能无敌者,其兵之于天下也亦无敌矣。古之至兵,民之重令〔者〕也。重乎天下,贵乎天子。其藏于民心,捷于肌肤也,深痛执固,不可摇荡,物莫之能动。若此则敌胡足胜矣?故曰其令强者其敌弱,其令信者其敌诎。先胜之于此,则必胜之于彼矣。

凡兵,天下之凶器也;勇,天下之凶德也。举凶器,行凶德,犹不得已也。举凶器必杀,杀,所以生之也;行凶德必威,威,所以慑之也。敌慑民生,此义兵之所以隆也。故古之至兵,才民未合,而威已谕矣,敌已服矣,岂必用枹鼓干戈哉?故善谕威者,于其未发也,于其未通也,窅窅乎冥冥,莫知其情,此之谓至威之诚。

凡兵欲急疾捷先。欲急疾捷先之道,在于知缓徐迟后而急疾捷先之分也。急疾捷先,此所以决(义)兵之胜也。而不可久处,知其不可久处,则知所兔起凫举死殙之地矣。虽有江河之险则凌之,虽有大山之塞则陷之,并气专精,心无有虑,目无有视,耳无有闻,一诸武而已矣。冉叔誓必死于田侯,而齐国皆惧;豫让必死于襄子,而赵氏皆恐;成荆致死于韩主,而周人皆畏;又况乎万乘之国,而有所诚必乎，则何敌之有矣？刃未接而欲已得矣。敌人之悼惧惮恐，单荡精神尽矣，咸若狂魄，形性相离，行不知所之，走不知所往，虽有险阻要塞，铦兵利械，心无敢据，意无敢处，此夏桀之所以死于南巢也。今以木击木则拌，以水投水则散，以冰投冰则沉，以塗投塗则陷，此疾徐先后之势也。

夫兵有大要，知谋物之不谋之不禁也则得之矣，专诸是也，独手举剑至而已矣，吴王壹成。又况乎义兵，多者数万，少者数千，密其躅路，开敌之涂，则士岂特与专诸议哉？

简　选

三曰——

世有言曰："驱市人而战之，可以胜人之厚禄教卒；老弱罢民，可以胜人之精士练材；离散係(系)〔累〕，可以胜人之行陈整齐；锄櫌白梃，可以胜人之长铫利兵。"此不通乎兵者之论。今有利剑于此，以刺则不中，以击则不及，与恶剑无择，为是斗因用恶剑则不可。简选精良，兵械铦利，发之则不时，纵之则不当，与恶卒无择，为是战因用恶卒则不可。王子庆忌、陈年犹欲剑之利也。简选精良，兵械铦利，令能将将之，古者有以王者，有以霸者矣，汤、武、齐桓、晋文、吴阖庐是矣。

殷汤良车七十乘，必死六千人，以戊子战于郕，遂禽推移、大牺，登自鸣条，乃入巢门，遂有夏。桀既奔走，于是行大仁慈，以恤黔首；反桀之事，遂其贤良，顺民所喜，远近归之，故王天下。

武王虎贲三千人，简车三百乘，以要甲子之事于牧野而纣为禽。显贤者之位，进殷之遗老，而问民之所欲，行赏及禽兽，行罚不辟天子，亲殷如周，视人如己，天下美其德，万民说其义，故立为天子。

齐桓公良车三百乘，教卒万人，以为兵首，横行海内，天下莫之能禁,南至石梁,西至酆郭,北至令支。中山亡邢,狄人灭卫,桓公更立邢于夷仪,更立卫于楚丘。

晋文公造五两之士五乘,锐卒千人,先以接敌,诸侯莫之能难,反郑之埤,东卫之亩,尊天子于衡雍。

吴阖庐选多力者五百人,利趾者三千人,以为前陈,与荆战,五战五胜,遂有郢。东征至于庳庐,西伐至于巴、蜀,北迫齐、晋,令行中国。

故凡兵势险阻,欲其便也;兵甲器械,欲其利也;选练角材,欲其精也;统率士民,欲其教也。此四者,义兵之助也。时变之应也,不可为而不足专恃。此胜之一策也。

决 胜

四曰——

夫兵有本干:必义、必智、必勇。义则敌孤独,敌孤独则上下虚,民解落;孤独则父兄怨,贤者诽,乱内作。智则知时化,知时化则知虚实盛衰之变,知先后远近纵舍之数。勇则能决断,能决断则能若雷电飘风暴雨,能若崩山破溃,别辨陨坠;若鸷鸟之击也,搏攫则殪,中木则碎,此以智得也。

夫民无常勇,亦无常怯。有气则实,实则勇,无气则虚,虚则怯。怯勇虚实,其由甚微,不可不知。勇则战,怯则北。战而胜者,战其勇者也;战而北者,战其怯者也。怯勇无常,倏忽往来,而莫知其方,惟圣人独见其所由然。故商、周以兴,桀、纣以亡。巧拙之所以相过,以益民气与夺民气,以能斗众与不能斗众。〔不能斗众,〕军虽大,卒虽多,无益于胜。军大卒多而不能斗,众不若其寡也。夫众之为福也大,其为祸也亦大。譬之如渔深渊,其得鱼也大,其为害也亦大。善用兵者,(诸边)〔都鄙〕之内,莫不与斗,虽厮舆白徒,方数百里,皆来会战,势使之然也。(幸)〔势〕也者,审于(战期)〔民气〕而有以羁诱之也。

凡兵,贵其因也。因也者,因敌之险以为己固,因敌之谋以为己事,能审因而加胜,则不可穷矣。(胜)不可穷之谓神,神则(能)不可胜也。夫兵〔不贵胜,而〕贵不可胜。不可胜在己,可胜在彼。圣人必在己者,不必在彼者,故执不可胜之术以遇(不)〔可〕胜之敌,若此则兵无失矣。凡兵之胜,敌之失也。胜失之兵,必隐必微,必积必抟。隐则胜阐矣,微则胜显矣,积则胜散矣,抟则胜离矣。〔譬〕诸搏攫(柢)〔抵〕噬之兽,其用齿角爪牙也,必托于卑微隐蔽,此所以成胜。

爱　士

五曰——

衣,人以其寒也;食,人以其饥也。饥寒,人之大害也。救之,〔大〕义也。人之困穷,甚如饥寒,故贤主必怜人之困也,必哀人之穷也。如此则名号显矣,国士得矣。

昔者秦缪公(乘马)〔驾〕而车(为)败,右服失而野人取之。缪公自往求之,见野人方将食之于岐山之阳。缪公叹曰:“食骏马之肉而不还饮酒,余恐其伤女也!”于是遍饮而去。处一年,为韩原之战,晋人已环缪公之车矣,晋梁由靡已扣缪公之左骖矣,晋惠公之右路石奋投而击缪公之甲,中之者已六札矣。野人之尝食马肉于岐山之阳者三百有馀人,毕力为缪公疾斗于车下,遂大克晋,反获惠公以归。此《诗》之所谓(曰)“君君子则正,以行其德;君贱人则宽,以尽其力”者也。人主其胡可以无务行德爱人乎?行德爱人则民亲其上,民亲其上则皆乐为其君死矣。

赵简子有两白骡而甚爱之。阳城胥渠处广门之官,夜款门而谒曰:“主君之臣胥渠有疾,医教之曰:‘得白骡之肝病则止,不得则死。’”谒者入通。董安于御于侧,愠曰:“嘻!胥渠也,期吾君骡,请即刑焉。”简子曰:“夫杀人以活畜,不亦不仁乎?杀畜以活人,不亦仁乎?”于是召庖人杀白骡,取肝以与阳城胥渠。处无几何,赵兴兵而攻翟。广门之官,左七百人,右七百人,皆先登而获甲首。人主其胡可以不好士?

凡敌人之来也,以求利也。今来而得死,且以走为利。敌皆以走为利,则刃无与接。故敌得生于我,则我得死于敌;敌得死于我,则我得生于敌。夫〔我〕得生于敌,与敌得生于我,岂可不察哉?此兵之精者。存亡死生,决于知此而已矣。

卷九　季秋纪第九

季　秋

一曰——

季秋之月:日在房,昏虚中,旦柳中。其日庚辛。其帝少皞。其神蓐收。其虫毛。其音商。律中无射。其数九。其味辛。其臭腥。其祀门。祭先肝。候雁来。宾爵入大水为蛤。菊有黄华。豺则祭兽戮禽。天子居总章右个,乘戎路,驾白骆,载白旗,衣白衣,服白玉,食麻与犬。其器廉以深。

是月也,申严号令。命百官贵贱,无不务入,以会天地之藏,无有宣出。命冢宰,农事备收,举五种之要,藏帝籍之收于神仓,祗敬必饬。

是月也,霜始降,则百工休。乃命有司曰:"寒气总至,民力不堪,其皆入室。"上丁,入学习吹。

是月也,大飨帝,尝牺牲,告备于天子。合诸侯。制百县。为来岁受朔日。与诸侯所税于民轻重之法。贡职之数,以远近土地所宜为度,以给郊庙之事,无有所私。

是月也,天子乃教于田猎,以习五戎。獀马。命仆及七驺咸驾,载旍旐舆,受车以级,整设于屏外,司徒搢扑,北向以誓之。天子乃厉服厉饬,执弓操矢以射。命主祠,祭禽于四方。

是月也,草木黄落,乃伐薪为炭。蛰虫咸俯在穴,皆墐其户。乃趣狱刑,无留有罪。收禄秩之不当者,共养之不宜者。

是月也,天子乃以犬尝稻,先荐寝庙。

季秋行夏令,则其国大水,冬藏殃败,民多鼽窒。行冬令,则国多盗贼,边境不宁,土地分裂。行春令,则暖风来至,民气解堕,师旅必兴。

顺 民

二曰——

先王先顺民心,故功名成。夫以德得民心以立大功名者,上世多有之矣。失民心而立功名者,未之曾有也。得民(必)〔心〕有道,万乘之国,百户之邑,民无有不说。取民之所说而民取矣,民之所说岂众哉?此取民之要也。

昔者汤克夏而正天下,天大旱,五年不收,汤乃以身祷于桑林,曰:"余一人有罪,无及万夫。万夫有罪,在余一人。无以一人之不敏,使上帝鬼神伤民之命。"于是剪其发,鄌其手,以身为牺牲,用祈福于上帝,民乃甚说,雨乃大至。则汤达乎鬼神之化,人事之传也。

文王处岐事纣,冤侮雅逊,朝夕必时,上贡必适,祭祀必敬。纣喜,命文王称西伯,赐之千里之地。文王载拜稽首而辞曰:"愿为民请炮烙之刑。"文王非恶千里之地。以为民请炮烙之刑,必欲得民心也。得民心则贤于千里之地,故曰文王智矣。

越王苦会稽之耻,欲深得民心,以致必死于吴。身不安枕席,口不甘厚味,目不视靡曼,耳不听钟鼓。三年苦身劳力,焦唇干肺。内亲群臣,下养百姓,以来其心。有甘脆不足分,弗敢食;有酒流之江,与民同之。身亲耕而食,妻亲织而衣。味禁珍,衣禁袭,色禁二。时出行路,从车载食,以视孤寡老弱之渍病困穷颜色愁悴不赡者,必身自食之。于是属诸大夫而告之,曰:"愿一与吴徼天(下)之衷。(今)〔令〕吴、越之国,相与俱残。士大夫履肝肺,同日而死,孤与吴王接颈交臂而偾,此孤之大愿也。若此而不可得也,内量吾国不足以伤吴，外事之诸侯不能害之，则孤将弃国家，释群臣，服剑臂刃，变容貌，易名姓，执箕帚而臣事之，以与吴王争一旦之死。孤虽知要领不属，首足异处，四肢布裂，为天下戮，孤之志必将出焉。”于是异日果与吴战于五湖，吴师大败，遂大围王宫，城门不守，禽夫差，戮吴相，残吴二年而霸，此先顺民心也。

齐庄子请攻越，问于和子。和子曰：“先君有遗令曰：‘无攻越，越猛虎也。’”庄子曰：“虽猛虎也，而今已死矣。”和子（曰）以告鸮子。鸮子曰：“已死矣以为生。”故凡举事，必先审民心然后可举。

知　士

三曰——

今有千里之马于此，非得良工，犹若弗取。良工之与〔千里〕马也，相得（则）然后成。譬之若枹与鼓。夫士亦有千里。高节死义，此士之千里也。能使士（待）〔得〕千里者，其惟贤者也。

静郭君善剂貌辨。剂貌辨之为人也多訾，门人弗说。士尉以证静郭君，静郭君弗听，士尉辞而去。孟尝君窃以谏静郭君，静郭君大怒曰：“刬而类！揆吾家，苟可以傔剂貌辨者，吾无辞为也。”于是舍之上舍，令长子御，朝暮进食。数年，威王薨，宣王立，静郭君之交，大不善于宣王，辞而之薛，与剂貌辨俱。留无几何，剂貌辨辞而行，请见宣王。静郭君曰：“王之不说婴也甚，公往，必得死焉。”剂貌辨曰：“固非求生也。”请必行，静郭君不能止。剂貌辨行，至于齐，宣王闻之，藏怒以待之。剂貌辨见，宣王曰：“子静郭君之所听爱也？”剂貌辨答曰：“爱则有之，听则无有。王方为太子之时，辨谓静郭君曰：‘太子之不仁，过颐涿视，若是者倍反。不若革太子，更立卫姬婴儿校师。’静郭君泫而曰：‘不可，吾不忍为也。’且静郭君听辨而为之也，必无今日之患也，此为一也。至于薛，昭阳请以数倍之地易薛，辨又曰：'必听之。'静郭君曰：'受薛于先王，虽恶于后王，吾独谓先王何乎？且先王之庙在薛，吾岂可以先王之庙予楚乎？'又不肯听辨，此为二也。"宣王太息，动于颜色，曰："静郭君之于寡人一至此乎！寡人少，殊不知此。客肯为寡人少来静郭君乎？"剂貌辨答曰："敬诺。"静郭君来，衣威王之服，冠其冠，带其剑。宣王自迎静郭君于郊，望之而泣。静郭君至，因请相之。静郭君辞，不得已而受。十日，谢病，强辞，三日而听。当是时也，静郭君可谓能自知人矣。能自知人，故非之弗为阻。此剂貌辨之所以外生乐，趋患难故也。

审　己

四曰——

凡物之然也，必有故。而不知其故，虽当与不知同，其卒必困。先王名士达师之所以过俗者，以其知也。水出于山而走于海，水非恶山而欲海也，高下使之然也。稼生于野而藏于仓，稼非有欲也，人皆以之也。故子路掩雉而复释之。

子列子尝射中矣，请之于关尹子。关尹子曰："〔子〕知子之所以中乎？"答曰："弗知也。"关尹子曰："未可。"退而习之三年，又请。关尹子曰："子知子之所以中乎？"子列子曰："知之矣。"关尹子曰："可矣，守而勿失。"非独射也，国之存也，国之亡也，身之贤也，身之不肖也，亦皆有以。圣人不察存亡贤不肖，而察其所以也。

齐攻鲁，求岑鼎，鲁君载他鼎以往。齐侯弗信而反之，为非，使人告鲁侯曰："柳下季以为是，请因受之。"鲁君请于柳下季，柳下季答曰："君之赂，以欲岑鼎也？以免国也？臣亦有国于此，破臣之国以免君之国，此臣之所难也。"于是鲁君乃以真岑鼎往也。且柳下季可谓（此）能说矣，非独存己之国也，又能存鲁君之国。

齐湣王亡居于卫，昼日步足，谓公玉丹曰："我已亡矣，而不知其故。吾所以亡者,果何故哉?我当已。”公玉丹答曰:“臣以王为已知之矣,王故尚未之知邪?王之所以亡也者,以贤也。天下之王皆不肖,而恶王之贤也,因相与合兵而攻王,此王之所以亡也。”湣王慨焉太息曰:“贤固若是其苦邪?”此亦不知其所以也,此公玉丹之所以过也。

越王授有子四人。越王之弟曰豫,欲尽杀之,而为之後。恶其三人而杀之矣,国人不说,大非上。又恶其一人而欲杀之,越王未之听。其子恐必死,因国人之欲逐豫,围王宫。越王太息曰:“余不听豫之言,以罹此难也。”亦不知所以亡也。

精　通

五曰——

人或谓兔丝无根。兔丝非无根也,其根不属(也)〔地〕,伏苓(是)〔通之也〕。慈石召铁,或引之也。树相近而靡,或軵之也。圣人南面而立,以爱利民为心,号令未出而天下皆延颈举踵矣,则精通乎民也。夫贼害于人,人亦然。

今夫攻者,砥厉五兵,侈衣美食,发且有日矣,所被攻者不乐,非或闻之也,神(者)先告也。身在乎秦,所亲爱在于齐,死而志气不安,精或往来也。

德也者,万民之宰也。月也者,群阴之本也。月望则蚌蛤实,群阴盈;月晦则蚌蛤虚,群阴亏。夫月形乎天,而群阴化乎渊;圣人形德乎己,而四方咸饬乎仁。

养由基射先,中石,矢乃饮羽,诚乎先也。伯乐学相马,所见无非马者,诚乎马也。宋之庖丁好解牛,所见无非(死)牛者;三年而不见(生)牛;用刀十九年,刃若新鄜研,顺其理,诚乎牛也。钟子期夜闻击磬者而悲,使人召而问之曰:“子何击磬之悲也?”答曰:“臣之父不幸而杀人，不得生；臣之母得生，而为公家为酒；臣之身得生，而为公家击磬。臣不睹臣之母三年矣。昔为舍氏睹臣之母，量所以赎之则无(有)〔财〕，而身固公家之(财)〔有〕也。是故悲也。”钟子期叹嗟曰：“悲夫，悲夫！心非臂也，臂非椎非石也。悲存乎心而木石应之，故君子诚乎此而谕乎彼，感乎己而发乎人，岂必强说乎哉？”周有申喜者，亡其母，闻乞人歌于门下而悲之，动于颜色，谓门者内乞人之歌者，自(觉)〔见〕而问焉，曰：“何故而乞？”与之语，盖其母也。故父母之于子也，子之于父母也，一体而两分，同气而异息。若草莽之有华实也，若树木之有根心也，虽异处而相通，隐志相及，痛疾相救，忧思相感，生则相欢，死则相哀，此之谓骨肉之亲。神出于忠，而应乎心，两精相得，岂待言哉？

卷十　孟冬纪第十

孟　冬

一曰——

孟冬之月:日在尾,昏危中,旦七星中。其日壬癸。其帝颛顼。其神玄冥。其虫介。其音羽。律中应钟。其数六。其味咸。其臭朽。其祀行。祭先肾。水始冰,地始冻。雉入大水为蜃,虹藏不见。天子居玄堂左个,乘玄辂,驾铁骊,载玄旗,衣黑衣,服玄玉,食黍与彘。其器宏以弇。

是月也,以立冬。先立冬三日,太史谒之天子,曰:"某日立冬,盛德在水。"天子乃斋。立冬之日,天子亲率三公九卿大夫以迎冬于北郊。还,乃赏死事,恤孤寡。

是月也,命太卜,祷祠龟策占兆,审卦吉凶。于是察阿上乱法者则罪之,无有掩蔽。

是月也,天子始裘。命有司曰:"天气上腾,地气下降,天地不通,闭而成冬。"令百官,谨盖藏。命司徒,循行积聚,无有不敛;坿城郭,戒门闾,修楗闭,慎关籥,固封玺,备边境,完要塞,谨关梁,塞蹊径,饬丧纪,辨衣裳,审棺椁之厚薄,营丘垄之小大高卑薄厚之度,贵贱之等级。

是月也,工师效功,陈祭器,按度程,无或作为淫巧,以荡上心,必功致为上。物勒工名,以考其诚;工有不当,必行其罪,以穷其情。

是月也,大饮蒸,天子乃祈来年于天宗。大割,祠于公社及门闾,飨先祖五祀,劳农夫以休息之。天子乃命将率讲武,肄射御、角力。

是月也，乃命水虞渔师收水泉池泽之赋，无或敢侵削众庶兆民，以为天子取怨于下，其有若此者，行罪无赦。

孟冬行春令，则冻闭不密，地气发泄，民多流亡。行夏令，则国多暴风，方冬不寒，蛰虫复出。行秋令，则雪霜不时，小兵时起，土地侵削。

节丧

二曰——

审知生，圣人之要也；审知死，圣人之极也。知生也者，不以害生，养生之谓也；知死也者，不以害死，安死之谓也。此二者，圣人之所独决也。

凡生于天地之间，其必有死，所不免也。孝子之重其亲也，慈亲之爱其子也，痛于肌骨，性也。所重所爱，死而弃之沟壑，人之情不忍为也，故有葬死之义。葬也者，藏也，慈亲孝子之所慎也。慎之者，以生人之心〔为死者〕虑〔也〕。以生人之心为死者虑(也)，莫如无动，莫如无发。无发无动，莫如无有可利，(则)此之谓重闭。

古之人有藏于广野深山而安者矣，非珠玉国宝之谓也，葬不可不藏也。葬浅则狐狸抇之，深则及于水泉。故凡葬必于高陵之上，以避狐狸之患、水泉之湿。此则善矣，而忘奸邪盗贼寇乱之难，岂不惑哉？譬之若瞽师之避柱也，避柱而疾触杙也。(狐狸水泉)奸邪盗贼寇乱之患，此杙之大者也。慈亲孝子避之者，得葬之情矣。善棺椁，所以避蝼蚁蛇虫也。今世俗大乱，(之)〔人〕主愈侈，其葬则心非为乎死者虑也，生者以相矜尚也。侈靡者以为荣，节俭者以为陋，不以便死为故，而徒以生者之诽誉为务，此非慈亲孝子之心也。父虽死，孝子之重之不怠；子虽死，慈亲之爱之不懈。夫葬所爱所重，而以生者之所甚欲,其以安之也,若之何哉?

民之于利也,犯流矢,蹈白刃,涉血盩肝以求之。野人之无闻者,忍亲戚兄弟知交以求利,今无此之危,无此之丑,其为利甚厚,乘车食肉,泽及子孙,虽圣人犹不能禁,而况于乱〔国〕?国弥大,家弥富,葬弥厚,含珠鳞施,(夫)玩好货宝,钟鼎壶滥,轝马衣被戈剑,不可胜其数。诸养生之具,无不从者。题凑之室,棺椁数袭,积石积炭,以环其外。奸人闻之,传以相告。上虽以严威重罪禁之,犹不可止。且死者弥久,生者弥疏;生者弥疏,则守者弥怠;守者弥怠而葬器如故,其势固不安矣。世俗之行丧,载之以大辅,羽旄旌旗,如云偻翣以督之,珠玉以佩之,黼黻文章以饬之,引绋者左右万人以行之,以军制立之然后可。以此观世,则美矣侈矣;以此为死,则不可也。苟便于死,则虽贫国劳民,若慈亲孝子者之所不辞为也。

安 死

三曰——

世之为丘垄也,其高大若山,其树之若林,其设阙庭、为宫室、造宾阼也若都邑,以此观世示富则可矣,以此为死则不可也。夫死,其视万岁犹一瞚也。人之寿,久之不过百,中寿不过六十。以百与六十为无穷者之虑,其情必不相当矣。以无穷为死者之虑则得之矣。

今有人于此,为石铭置之垄上,曰:“此其中之物,具珠玉玩好财物宝器甚多,不可不抇,抇之必大富,世世乘车食肉。”人必相与笑之,以为大惑。世之厚葬也有似于此。自古及今,未有不亡之国也;无不亡之国者,是无不抇之墓也。以耳目所闻见,齐、荆、燕尝亡矣,宋、中山已亡矣,赵、魏、韩皆亡矣,其皆故国矣。自此以上者亡国不可胜数,是故大墓无不抇也。而世皆争为之,岂不悲哉!

君之不令民,父之不孝子,兄之不悌弟,皆乡里之所釜鬲者而逐之,惮耕稼采薪之劳,不肯官人事,而祈美衣侈食之乐,智巧穷屈,无以为之,于是乎聚群多之徒,以深山广泽林薮,扑击遏夺,又视名丘大墓葬之厚者,求舍便居,以微扣之,日夜不休,必得所利,相与分之。夫有所爱所重,而令奸邪盗贼寇乱之人卒必辱之,此孝子忠臣亲父交友之大(事)〔患〕。尧葬于穀林,通树之;舜葬于纪市,不变其肆;禹葬于会稽,不变人徒;是故先王以俭节葬死也,非爱其费也,非恶其劳也,以为死者虑也。

先王之所恶,惟死者之辱也。发则必辱,俭则不发,故先王之葬,必俭、必合、必同。何谓合?何谓同?葬于山林则合乎山林,葬于阪隰则同乎阪隰,此之谓爱人。夫爱人者众,知爱人者寡。故宋未亡而东冢扣,齐未亡而庄公冢扣,国安宁而犹若此,又况百世之后而国已亡乎?故孝子忠臣亲父交友不可不察于此也。夫爱之而反危之,其此之谓乎。《诗》曰:“不敢暴虎,不敢冯河,人知其一,莫知其他。”此言不知邻类也。故反以相非,反以相是。其所非方其所是也,其所是方其所非也。是非未定,而喜怒斗争,反为用矣。吾不非斗,不非争,而非所以斗,非所以争。故凡斗争者,是非已定之用也。今多不先定其是非而先疾斗争,此惑之大者也。

鲁季孙有丧,孔子往吊之。入门而左,从客〔位〕也。主人以玙璠收,孔子径庭而趋,历级而上,曰:“以宝玉收,譬之犹暴骸中原也。”径庭历级,非礼也;虽然,以救过也。

异　宝

四曰——

古之人非无宝也,其所宝者异也。孙叔敖疾,将死,戒其子曰:“王数封我矣,吾不受也。为我死,王则封汝,必无受利地。楚、越之间有寝之丘者,此其地不利,而名甚恶。荆人畏鬼,而越人信机。可长有者,其唯此也。”孙叔敖死,王果以美地封其子,而子辞,请寝之丘,故至今不失。孙叔敖之知,知(不以)〔以不〕利为利矣,知以人之所恶为己之所喜,此有道者之所以异乎俗也。

五员亡,荆急求之,登太行而望郑曰:“盖是国也,地险而民多知,其主俗主也,不足与举。”去郑而之许,见许公而问所之,许公不应,东南向而唾,五员载拜受赐曰:“知所之矣。”因如吴。过于荆,至江上,欲涉,见一丈人,刺小船,方将渔,从而请焉。丈人度之,绝江,问其名族,则不肯告,解其剑以予丈人,曰:“此千金之剑也,愿献之丈人。”丈人不肯受曰:“荆国之法,得五员者,爵执圭,禄万担,金千镒。昔者子胥过,吾犹不取,今我何以子之千金剑为乎?”五员(过)〔适〕于吴,使人求之江上则不能得也,每食必祭之,祝曰:“江上之丈人!天地至大矣,至众矣,将奚不有为也?而无以为。为矣而无以为之。名不可得而闻,身不可得而见,其惟江上之丈人乎?”

宋之野人,耕而得玉,献之司城子罕,子罕不受。野人请曰:“此野人之宝也,愿相国为之赐而受之也。”子罕曰:“子以玉为宝,我以不受为宝。”故宋国之长者曰:“子罕非无宝也,所宝者异也。”

今以百金与抟黍以示儿子,儿子必取抟黍矣;以和氏之璧与百金以示鄙人,鄙人必取百金矣;以和氏之璧、道德之至言以示贤者,贤者必取至言矣。其知弥精,其所取弥精;其知弥粗,其所取弥粗。

异　用

五曰——

万物(不)同,而用之于人异也,此治乱存亡死生之原。故国广巨,兵强富,未必安也;尊贵高大,未必显也;在于用之。桀、纣用其材而成其亡,汤、武用其材而成其王。

汤见祝网者,置四面,其祝曰:“从天坠者,从地出者,从四方来者，皆离吾网。”汤曰：“嘻！尽之矣。非桀其孰为此也？”汤收其三面，置其一面，更教祝曰：“昔蛛蝥作网罟，今之人学纾。欲左者左，欲右者右，欲高者高，欲下者下，吾取其犯命者。”汉南之国闻之曰：“汤之德及禽兽矣。”四十国归之。人置四面，未必得鸟；汤去其三面，置其一面，以网其四十国，非徒网鸟也。

周文王使人扣池，得死人之骸，吏以闻于文王，文王曰：“更葬之。”吏曰：“此无主矣。”文王曰：“有天下者，天下之主也；有一国者，一国之主也。今我非其主也？”遂令吏以衣棺更葬之。天下闻之曰：“文王贤矣，泽及髊骨，又况于人乎？”或得宝以危其国，文王得朽骨以喻其意，故圣人于物也无不材。

孔子之弟子从远方来者，孔子荷杖而问之曰：“子之公不有恙乎？”搏杖而揖之，问曰：“子之父母不有恙乎？”置杖而问曰：“子之兄弟不有恙乎？”(杙)〔曳〕步而倍之，问曰：“子之妻子不有恙乎？”故孔子以六尺之杖，谕贵贱之等，辨疏亲之义，又况于以尊位厚禄乎？

古之人贵能射也，以长幼养老也。今之人贵能射也，以攻战侵夺也。其细者以劫弱暴寡也，以遏夺为务也。仁人之得饴，以养疾侍老也。跖与企足得饴，以开闭取楗也。

卷十一　仲冬纪第十一

仲　冬

一曰——

仲冬之月：日在斗，昏东壁中，旦轸中。其日壬癸。其帝颛顼。其神玄冥。其虫介。其音羽。律中黄钟。其数六。其味咸。其臭朽。其祀行。祭先肾。冰益壮。地始坼。鹖鴠不鸣。虎始交。天子居玄堂太庙，乘玄辂，驾铁骊，载玄旗，衣黑衣，服玄玉，食黍与彘。其器宏以弇。命有司曰："土事无作，无发盖藏，无起大众，以固而闭。"发盖藏，起大众，地气且泄，是谓发天地之房。诸蛰则死，民多疾疫，又随以丧，命之曰畅月。

是月也，命阉尹，申宫令，审门闾，谨房室，必重闭。省妇事，毋得淫，虽有贵戚近习，无有不禁，乃命大酋，秫稻必齐，麴蘖必时，湛馆必洁，水泉必香，陶器必良，火齐必得，兼用六物，大酋监之，无有差忒。天子乃命有司，祈祀四海大川名原渊泽井泉。

是月也，农有不收藏积聚者，牛马畜兽有放佚者，取之不诘。山林薮泽，有能取疏食田猎禽兽者，野虞教导之；其有侵夺者，罪之不赦。

是月也，日短至。阴阳争，诸生荡。君子斋戒，处必弇，身必宁，去声色，禁嗜欲，安形性，事欲静，以待阴阳之所定。芸始生，荔挺出。蚯蚓结。麋角解。水泉动。日短至，则伐林木，取竹箭。

是月也，可以罢官之无事者，去器之无用者。涂阙庭门闾，筑囹圄，此所以助天地之闭藏也。

仲冬行夏令，则其国乃旱，气雾冥冥，雷乃发声。行秋令，则天时雨汁，瓜瓠不成，国有大兵。行春令，则虫螟为败，水泉减竭，民多疾疠。

至 忠

二曰——

至忠〔之言〕逆于耳，倒于心，非贤主其孰能听之？故贤主之所说，不肖主之所诛也。人主无不恶暴劫者，而日致之，恶之何益？今有树于此，而欲其美也，人时灌之，则恶之，而日伐其根，则必无活树矣。夫恶闻忠言，乃自伐之精者也。

荆庄哀王猎于云梦，射随兕，中之。申公子培劫王而夺之。王曰："何其暴而不敬也？"命吏诛之。左右大夫皆进谏曰："子培，贤者也，又为王百倍之臣，此必有故，愿察之也。"不出三月，子培疾而死。荆兴师，战于两棠，大胜晋，归而赏有功者。申公子培之弟进请赏于吏曰："人之有功也于军旅，臣兄之有功也于车下。"王曰："何谓也？"对曰："臣之兄犯暴不敬之名，触死亡之罪于王之侧，其愚心将以忠于君王之身，而持千岁之寿也。臣之兄尝读故记曰：'杀随兕者，不出三月〔必死〕。'是以臣之兄惊惧而争之，故伏其罪而死。"王令人发平府而视之，于故记果有，乃厚赏之。申公子培，其忠也可谓穆行矣。穆行之意，人知之不为劝，人不知不为沮，行无高乎此矣。

齐王疾痏，使人之宋迎文挚。文挚至，视王之疾，谓太子曰："王之疾必可已也。虽然，王之疾已，则必杀挚也。"太子曰："何故？"文挚对曰："非怒王则疾不可治，怒王则挚必死。"太子顿首强请曰："苟已王之疾，臣与臣之母以死争之于王，王必幸臣与臣之母，愿先生之勿患也。"文挚曰："诺。请以死为王。"与太子期，而将往不当者三，齐王固已怒矣。文挚至，不解屦登床，履王衣，问王之疾，王怒而不与言。文挚因出辞以重怒王，王叱而起，疾乃遂已。王大怒不说，将生烹文挚。太子与王后急争之而不能得，果以鼎生烹文挚。爨之三日三夜，颜色不变。文挚曰："诚欲杀我，则胡不覆之，以绝阴阳之气。"王使覆之，文挚乃死。夫忠于治世易，忠于浊世难。文挚非不知(活)〔治〕王之疾而身获死也，为太子行难以成其义也。

忠　廉

三曰——

士议之不可辱者大之也，大之则尊于富贵也，利不足以虞其意矣。虽名为诸侯，实有万乘，不足以挺其心矣。诚辱则无为乐生。若此人也，有势则必不自私矣，处官则必不为污矣，将众则必不挠北矣。忠臣亦然。苟便于主利于国，无敢辞违杀身出生以徇之。国有士若此，则可谓有人矣。若此人者固难得，其患虽得之有不智。

吴王欲杀王子庆忌而莫之能杀，吴王患之。要离曰："臣能之。"吴王曰："汝恶能乎？吾尝以六马逐之江上矣，而不能及；射之矢，左右满把，而不能中。今汝拔剑则不能举臂，上车则不能登轼，汝恶能？"要离曰："士患不勇耳，奚患于不能？王诚能助，臣请必能。"吴王曰："诺。"明旦加要离罪焉，(挚)执〔其〕妻子，焚之而扬其灰。要离走，往见王子庆忌于卫。王子庆忌喜曰："吴王之无道也，子之所见也，诸侯之所知也，今子得免而去之亦善矣。"要离与王子庆忌居有间，谓王子庆忌曰："吴〔王〕之无道也愈甚，请与王子往夺之国。"王子庆忌曰："善。"乃与要离俱涉于江。中江，拔剑以刺王子庆忌，(王子庆忌)捽之，投之于江，浮则又取而投之，如此者三。其卒曰："汝天下之国士也，幸汝以成而名。"要离得不死，归于吴。吴王大说，请与分国。要离曰："不可。臣请必死。"吴王止之。要离曰："夫杀妻子焚之而扬其灰，以便事也，臣以为不仁。夫为故主杀新主，臣以为不义。夫捽而浮乎江,三入三出,特王子庆忌为之赐而不杀耳,臣已为辱矣。夫不仁不义,又且已辱,不可以生。”吴王不能止,果伏剑而死。要离可谓不为赏动矣。故临大利而不易其义,可谓廉矣。廉故不以贵富而忘其辱。

卫懿公有臣曰弘演,有所于使。翟人攻卫,其民曰:“君之所予位禄者,鹤也;所贵富者,宫人也。君使宫人与鹤战,余焉能战?”遂溃而去。翟人至,及懿公于荣泽,杀之,尽食其肉,独舍其肝。弘演至,报使于肝,毕,呼天而啼,尽哀而止,曰:“臣请为襮。”因自杀,先出其腹实,内懿公之肝。桓公闻之曰:“卫之亡也,以为无道也。今有臣若此,不可不存。”于是复立卫于楚丘。弘演可谓忠矣,杀身出生以徇其君。非徒徇其君也,又令卫之宗庙复立,祭祀不绝,可谓有功矣。

当 务

四曰——

辨而不当论,信而不当理,勇而不当义,法而不当务,惑而乘骥也,狂而操“吴干将”也,大乱天下者,必此四者也。所贵辨者,为其由所论也;所贵信者,为其遵所理也;所贵勇者,为其行义也;所贵法者,为其当务也。

跖之徒问于跖曰:“盗有道乎?”跖曰:“奚啻其有道也?夫妄意关内,中藏,圣也;入先,勇也;出后,义也;知时,智也;分均,仁也。不通此五者,而能成大盗者,天下无有。”(备)〔倪〕说非六王、五伯,以为“尧有不慈之名,舜有不孝之行,禹有淫湎之意,汤、武有放杀之事,五伯有暴乱之谋。世皆誉之,人皆讳之,惑也”。故死而操金椎以葬,曰“下见六王、五伯,将敲其头”矣。辨若此不如无辨。

楚有直躬者,其父窃羊而谒之上,上执而将诛之。直躬(者)请代之。将诛矣，告吏曰："父窃羊而谒之，不亦信乎？父诛而代之，不亦孝乎？信且孝而诛之，国将有不诛者乎？"荆王闻之，乃不诛也。孔子闻之曰："异哉直躬之为信也，一父而载取名焉。"故直躬之信，不若无信。

齐之好勇者，其一人居东郭，其一人居西郭，卒然相遇于途曰："姑相饮乎？"觞数行，曰："姑求肉乎？"一人曰："子肉也？我肉也？尚胡革求肉而为？于是具染而已。"因抽刀而相啖，至死而止。勇若此不若无勇。

纣之同母三人，其长曰微子启，其次曰中衍，其次曰受德。受德乃纣也，甚少矣。纣母之生微子启与中衍也尚为妾，已而为妻而生纣。纣之父、纣之母欲置微子启以为太子，太史据法而争之曰："有妻之子，而不可置妾之子。"纣故为後。用法若此，不若无法。

长　见

五曰——

智所以相过，以其长见与短见也。今之于古也，犹古之于后世也。今之于后世，亦犹(今)〔古〕之于(古)〔今〕也。故审知今则可知古，知古则可知后，古今前后一也。故圣人上知千岁，下知千岁也。

荆文王曰："苋嘻数犯我以义，违我以礼，与处则不安，旷之则不谷得焉，不以吾身爵之，后世有圣人，将以非不谷"，于是爵之五大夫。"申侯伯善持养吾意，吾所欲则先我为之，与处则安，旷之而不谷丧焉，不以吾身远之，后世有圣人，将以非不谷"，于是送而行之。申侯伯如郑，阿郑君之心，先为其所欲，三年而知郑国之政也，五月而郑人杀之，是后世之圣人，使文王为善于上世也。

晋平公铸为大钟，使工听之，皆以为调矣。师旷曰："不调，请更铸之。”平公曰:“工皆以为调矣。”师旷曰:“后世有知音者,将知钟之不调也,臣窃为君耻之。”至于师涓,而果知钟之不调也。是师旷欲善调钟,以为后世之知音者也。

吕太公望封于齐,周公旦封于鲁,二君者甚相善也。相谓曰:“何以治国?”太公望曰:“尊贤上功。”周公旦曰:“亲亲上恩。”太公望曰:“鲁自此削矣。”周公旦曰:“鲁虽削,有齐者亦必非吕氏也。”其后齐日以大,至于霸,二十四世而田成子有齐国;鲁日以削,至于觐存,三十四世而亡。

吴起治西河之外,王错谮之于魏武侯,武侯使人召之。吴起至于岸门,止车而望西河,泣数行而下。其仆谓吴起曰:“窃观公之意,视释天下若释蹝,今去西河而泣,何也?”吴起抿泣而应之曰:“子不识。君知我而使我毕能西河可以王。今君听谗人之议,而不知我,西河之为秦取不久矣,魏从此削矣。”吴起果去魏入楚。有间,西河毕入秦,秦日益大,此吴起之所先见而泣也。

魏公叔痤疾。惠王往问之,曰:“公叔之疾,嗟!疾甚矣!将奈社稷何?”公叔对曰:“臣之御庶子鞅,愿王以国听之也。为不能听,勿使出境。”王不应,出而谓左右曰:“岂不悲哉?以公叔之贤,而今谓寡人必以国听鞅,悖也夫!”公叔死,公孙鞅西游秦,秦孝公听之,秦果用强,魏果用弱,非公叔痤之悖也,魏王则悖也。夫悖者之患,固以不悖为悖。

卷十二　季冬纪第十二

季　冬

一曰——

季冬之月:日在婺女,昏娄中,旦氐中。其日壬癸。其帝颛顼。其神玄冥。其虫介。其音羽。律中大吕。其数六。其味咸。其臭朽。其祀行。祭先肾。雁北乡。鹊始巢。雉雊鸡乳。天子居玄堂右个,乘玄辂,驾铁骊,载玄旗,衣黑衣,服玄玉,食黍与彘。其器宏以弇。命有司大傩,旁磔,出土牛,以送寒气。征鸟厉疾。乃毕行山川之祀,及帝之大臣,天地之神祇。

是月也,命渔师始渔,天子亲往。乃尝鱼,先荐寝庙。冰方盛,水泽复,命取冰。冰已入,令告民,出五种。命司农,计耦耕事,修耒耜,具田器。命乐师,大合吹而罢。乃命四监,收秩薪柴,以供寝庙及百祀之薪燎。

是月也,日穷于次,月穷于纪,星回于天,数将几终,岁将更始。专于农民,无有所使。天子乃与〔公〕卿大夫饬国典,论时令,以待来岁之宜。乃命太史,次诸侯之列,赋之牺牲,以供皇天上帝社稷之享。乃命同姓之国,供寝庙之刍豢。令宰历卿大夫至于庶民土田之数,而赋之牺牲,以供山林名川之祀。凡在天下九州之民者,无不咸献其力,以供皇天上帝社稷寝庙山林名川之祀。

行之是令,此谓一终,三旬二日。季冬行秋令,则白露早降,介虫为妖,四(邻)〔鄙〕入保。行春令,则胎夭多伤,国多固疾,命之曰逆。行夏令,则水潦败国,时雪不降,冰冻消释。

士 节

二曰——

士之为人,当理不避其难,临患忘利,遗生行义,视死如归。有如此者,国君不得而友,天子不得而臣。大者定天下,其次定一国,必由如此人者也。故人主之欲大立功名者,不可不务求此人也。贤主劳于求人,而佚于治事。

齐有北郭骚者,结罟网,捆蒲苇,织萉屦,以养其母犹不足,踵门见晏子曰:"愿乞所以养母。"晏子之仆谓晏子曰:"此齐国之贤者也,其义不臣乎天子,不友乎诸侯,于利不苟取,于害不苟免。今乞所以养母,是说夫子之义也,必与之。"晏子使人分仓粟(分)府金而遗之,辞金而受粟。有间,晏子见疑于齐君,出奔,过北郭骚之门而辞。北郭骚沐浴而出见晏子曰:"夫子将焉适?"晏子曰:"见疑于齐君,将出奔。"北郭子曰:"夫子勉之矣。"晏子上车,太息而叹曰:"婴之亡岂不宜哉? 亦不知士甚矣。"晏子行,北郭子召其友而告之曰:"〔吾〕说晏子之义,而当乞所以养母焉。吾闻之曰:'养及亲者,身伉其难。'今晏子见疑,吾将以身死白之。"着衣冠,令其友操剑奉笥而从,造于君庭,求复者曰:"晏子,天下之贤者也,去则齐国必侵矣。必见国之侵也,不若先死。请以头托白晏子也。"因谓其友曰:"盛吾头于笥中,奉以托。"退而自刎也。其友因奉以托。其友谓观者曰:"北郭子为国故死,吾将为北郭子死也。"又退而自刎。齐君闻之,大骇,乘驲而自追晏子,及之国郊,请而反之。晏子不得已而反,闻北郭骚之以死白己也,曰:"婴之亡岂不宜哉? 亦愈不知士甚矣。"

介　立

三曰——

以贵富有人易，以贫贱有人难。今晋文公出亡，周流天下，穷矣贱矣，而介子推不去，有以有之也。反国有万乘，而介子推去之，无以有之也。能其难，不能其易，此文公之所以不王也。晋文公反国，介子推不肯受赏，自为赋诗曰："有龙于飞，周遍天下。五蛇从之，为之丞辅。龙反其乡，得其处所。四蛇从之，得其露雨。一蛇羞之，桥死于中野，悬书公门，而伏于山下。"文公闻之曰："嘻！此必介子推也。"避舍变服，令士庶人曰："有能得介子推者，爵上卿，田百万。"或遇之山中，负釜盖簦，问焉曰："请问介子推安在？"应之曰："夫介子推苟不欲见而欲隐，吾独焉知之？"遂背而行，终身不见。人心之不同，岂不甚哉？今世之逐利者，早朝晏退，焦唇干嗌，日夜思之，犹未之能得，今得之而务疾逃之，介子推之离俗远矣。

东方有士焉曰爰旌目，将有适也，而饿于道。狐父之盗曰丘，见而下壶餐以餔之。爰旌目三餔之而后能视，曰："子何为者也？"曰："我狐父之人丘也。"爰旌目曰："嘻！汝非盗邪？胡为而食我？吾义不食子之食也。"两手据地而吐之，不出，喀喀然遂伏地而死。郑人之下黼也，庄跞之暴郢也，秦人之围长平也，韩、荆、赵，此三国者之将帅贵人皆多骄矣，其士卒众庶皆多壮矣，因相暴以相杀，脆弱者拜请以避死，其卒递而相食，不辨其义，冀幸以得活。如爰旌目已食而不死矣，恶其义而不肯不死，(今)〔令〕此相为谋，岂不远哉？

诚　廉

四曰——

石可破也，而不可夺坚；丹可磨也，而不可夺赤。坚与赤，性之有也。性也者，所受于天也，非择取而为之也。豪士之自好者，其不可漫以污也，亦犹此也。

昔周之将兴也，有士二人，处于孤竹，曰伯夷、叔齐。二人相谓曰："吾闻西方有偏伯焉，似将有道者，今吾奚为处乎此哉？"二子西行如周，至于岐阳，则文王已殁矣。武王即位，观周德，则王使叔旦就胶鬲于（次）四内，而与之盟曰："加富三等，就官一列。"为三书同辞，血之以牲，埋一于四内，皆以一归。又使保召公就微子开于共头之下，而与之盟曰："世为长侯，守殷常祀，相奉桑林，宜私孟诸。"为三书同辞，血之以牲，埋一于共头之下，皆以一归。伯夷、叔齐闻之，相视而笑曰："嘻！异乎哉！此非吾所谓道也。昔者神农氏之有天下也，时祀尽敬而不祈福也。其于人也，忠信尽治而无求焉。乐正与为正，乐治与为治，不以人之坏自成也，不以人之庳自高也。今周见殷之僻乱也，而遽为之正与治，上谋而行货，阻（丘）〔兵〕而保威也。割牲而盟以为信，因四内与共头以明行，扬梦以说众，杀伐以要利，以此绍殷，是以乱易暴也。吾闻古之士，遭乎治世，不避其任，遭乎乱世，不为苟在。今天下暗，周德衰矣。与其并乎周以漫吾身也，不若避之以洁吾行。"二子北行，至首阳之下而饿〔死〕焉。人之情莫不有重，莫不有轻。有所重则欲全之，有所轻则以养所重。伯夷、叔齐，此二士者，皆出身弃生以立其意，轻重先定也。

不侵

五曰——

天下轻于身，而士以身为人。以身为人者，如此其重也，而人不知，（以）奚道相得？贤主必自知士，故士尽力竭智，直言交争而不辞其患，豫让、公孙弘是矣。当是时也，智伯、孟尝君知之矣。世之人主,得地百里则喜,四境皆贺,得士则不喜,不知相贺,不通乎轻重也。

汤、武,千乘也,而士皆归之。桀、纣,天子也,而士皆去之。孔、墨,布衣(之士)也;万乘之主,千乘之君不能与之争士也。自此观之,尊贵富大不足以来士矣,必自知之然后可。

豫让之友谓豫让曰:"子之行何其惑也?子尝事范氏、中行氏,(诸侯)〔智氏〕尽灭之,而子不为报,至于智氏,而子必为之报,何故?"豫让曰:"我将告子其故。范氏、中行氏,我寒而不我衣,我饥而不我食,而时使我与千人共其养,是众人畜我也。夫众人畜我者,我亦众人事之。至于智氏则不然,出则乘我以车,入则足我以养,众人广朝,而必加礼于吾所,是国士畜我也。夫国士畜我者,我亦国士事之。"豫让,国士也,而犹以人之于己也为念,又况于中人乎?

孟尝君为从,公孙弘谓孟尝君曰:"君不若使人西观秦王。意者秦王帝王之主也,君恐不得为臣,何暇从以难之?意者秦王不肖主也,君从以难之未晚也。"孟尝君曰:"善。愿因请公往矣。"公孙弘敬诺,以车十乘之秦。秦昭王闻之,而欲丑之以辞,以观公孙弘。公孙弘见昭王,昭王曰:"薛之地小大几何?"公孙弘对曰:"百里。"昭王笑曰:"寡人之国,地数千里,犹未敢以有难也。今孟尝君之地方百里,而因欲以难寡人犹可乎?"公孙弘对曰:"孟尝君好士,大王不好士。"昭王曰:"孟尝君之好士何如?"公孙弘对曰:"义不臣乎天子,不友乎诸侯,得意则不惭为人君,不得意则不肯为人臣,如此者三人。能治可为管、商之师,说义听行,其能致主霸王,如此者五人。万乘之严主,辱其使者,退而自刎也,必以其血污其衣,有如臣者七人。"昭王笑而谢焉曰:"客胡为若此?寡人善孟尝君,欲客之必谨谕寡人之意也。"公孙弘敬诺。公孙弘可谓不侵矣。昭王,大王也。孟尝君,千乘也。立千乘之义而不可凌,可谓士矣。

序 意

维秦八年，岁在涒滩，秋，甲子朔，朔之日，良人请问《十二纪》。文信侯曰："尝得学黄帝之所以诲颛顼矣，爰有大圜在上，大矩在下，汝能法之，为民父母。盖闻古之清世，是法天地。凡《十二纪》者，所以纪治乱存亡也，所以知寿夭吉凶也。上揆之天，下验之地，中审之人，若此则是非可不可无所遁矣。天曰顺，顺维生；地曰固，固维宁；人曰信，信维听。三者咸当，无为而行。行也者，行其（理）〔数〕也。行数，循其理，平其私。夫私视使目盲，私听使耳聋，私虑使心狂。三者皆私设精则智无由公。智不公，则福日衰，灾日隆，以日倪而西望知之。"

赵襄子游于囿中，至于梁，马却不肯进，青荓为参乘，襄子曰："进视梁下，类有人。"青荓进视梁下。豫让却寝，佯为死人，叱青荓曰："去！长者吾且有事。"青荓曰："少而与子友，子且为大事，而我言之，是失相与友之道。子将贼吾君，而我不言之，是失为人臣之道，如我者惟死为可。"乃退而自杀。青荓非乐死也，重失人臣之节，恶废交友之道也。青荓、豫让可谓之友也。

卷十三　有始览第一

有　始

一曰——

天地有始。天微以成，地塞以形。天地合和，生之大经也。以寒暑日月昼夜知之，以殊形殊能异宜说之。夫物合而成，离而生。知合知成，知离知生，则天地平矣。平也者，皆当察其情，处其形。

天有九野，地有九州，土有九山，山有九塞，泽有九薮，风有八等，水有六川。

何谓九野？中央曰钧天，其星角、亢、氐。东方曰苍天，其星房、心、尾。东北曰变天，其星箕、斗、牵牛。北方曰玄天，其星婺女、虚、危、营室。西北曰幽天，其星东壁、奎、娄。西方曰颢天，其星胃、昴、毕。西南曰朱天，其星觜巂、参、东井。南方曰炎天，其星舆鬼、柳、七星。东南曰阳天，其星张、翼、轸。

何谓九州？河、汉之间为豫州，周也。两河之间为冀州，晋也。河、济之间为兖州，卫也。东方为青州，齐也。泗上为徐州，鲁也。东南为扬州，越也。南方为荆州，楚也。西方为雍州，秦也。北方为幽州，燕也。

何谓九山？会稽，太山，王屋，首山，太华，岐山，太行，羊肠，孟门。

何谓九塞？大汾，冥阨，荆阮，方城，殽，井陉，令疵，句注，居庸。

何谓九薮？吴之具区，楚之云梦，秦之阳华，晋之大陆，梁之圃田，宋之孟诸，齐之海隅，赵之巨鹿，燕之大昭。

何谓八风？东北曰炎风，东方曰滔风，东南曰熏风，南方曰巨风，西南曰凄风，西方曰飂风，西北曰厉风，北方曰寒风。

何谓六川？河水，赤水，辽水，黑水，江水，淮水。

凡四海之内，东西二万八千里，南北二万六千里，水道八千里，受水者亦八千里，通谷六，名川六百，陆注三千，小水万数。

凡四极之内，东西五亿有九万七千里，南北亦五亿有九万七千里。

极星与天俱游，而天极不移。

冬至日行远道，周行四极，命曰玄明。夏至日行近道，乃参于上。当枢之下无昼夜。白民之南，建木之下，日中无影，呼而无响，盖天地之中也。

天地万物，一人之身也，此之谓大同。众耳目鼻口也，众五谷寒暑也，此之谓众异。〔众异〕则万物备也。天斟万物，圣人览焉，以观其类。解在乎天地之所以形，雷电之所以生，阴阳材物之精，人民禽兽之所安平。

应同

二曰——

凡帝王(者)之将兴也，天必先见祥乎下民。黄帝之时，天先见大螾大蝼，黄帝曰“土气胜”，土气胜，故其色尚黄，其事则土。及禹之时，天先见草木秋冬不杀，禹曰“木气胜”，木气胜，故其色尚青，其事则木。及汤之时，天先见金刃生于水，汤曰“金气胜”，金气胜，故其色尚白，其事则金。及文王之时，天先见火，赤乌衔丹书集于周社，文王曰“火气胜”，火气胜，故其色尚赤，其事则火。代火者必将水，天且先见水气胜，水气胜，故其色尚黑，其事则水。水气至而不知，数备，将徙于土。天为者时，而不助农于下。类固相召，气同则合,声比则应。鼓宫而宫动,鼓角而角动。平地注水,水流湿。均薪施火,火就燥。山云草莽,水云角觞,旱云烟火,雨云水波,无不皆类其所生以示人。故以龙致雨,以形逐影。师之所处,必生棘楚。祸福之所自来,众人以为命,安知其所。

夫覆巢毁卵,则凤凰不至;刳兽食胎,则麒麟不来;干泽涸渔,则龟龙不往。物之从同,不可为记。子不遮乎亲,臣不遮乎君。(君)同则来,异则去。故君虽尊,以白为黑,臣不能听;父虽亲,以黑为白,子不能从。黄帝曰:“芒芒昧昧,因天之威,与元同气。”故曰同气贤于同义,同义贤于同力,同力贤于同居,同居贤于同名。帝者同气,王者同义,霸者同力,勤者同居则薄矣,亡者同名则粗矣。其智弥粗者,其所同弥粗;其智弥精者,其所同弥精;故凡用意不可不精。夫精,五帝三王之所以成也。成齐类同皆有合,故尧为善而众善至,桀为非而众非来。《商箴》云:“天降灾布祥,并有其职”,以言祸福人或召之也。故国乱非独乱也,又必召寇。独乱未必亡也,召寇则无以存矣。

凡兵之用也,用于利,用于义。攻乱则(脆,脆)〔服,服〕则攻者利。攻乱则义,义则攻者荣。荣且利,中主犹且为之,况于贤主乎?故割地宝器,卑辞屈服,不足以止攻,惟治为足。治则为利者不攻矣;为名者不伐矣。凡人之攻伐也,非为利则(因)〔固〕为名也,名实不得,国虽强大(者),曷为攻矣?解在乎史墨来而辍不袭卫,赵简子可谓知动静矣。

去尤

三曰——

世之听者,多有所尤,(多)有所尤则听必悖矣。所以尤者多故,其要必因人所喜,与因人所恶。东面望者不见西墙,南乡视者不睹北方,意有所在也。

人有亡铁者,意其邻之子,视其行步窃铁也,颜色窃铁也,言语窃铁也,动作态度无为而不窃铁也。相其谷而得其铁,他日复见其邻之子,动作态度无似窃铁者。其邻之子非变也,己则变矣。变也者无他,有所尤也。

邾之故法,为甲裳以帛。公息忌谓邾君曰:"不若以组。凡甲之所以为固者,以满窍也。今窍满矣,而任力者半耳。且组则不然,窍满则尽任力矣。"邾君以为然,曰:"将何所以得组也?"公息忌对曰:"上用之则民为之矣。"邾君曰:"善。"下令,令官为甲必以组。公息忌知说之行也,因令其家皆为组。人有伤之者曰:"公息忌之所以欲用组者,其家多为组也。"邾君不说,于是复下令,令官为甲无以组。此邾君之有所尤也。为甲以组而便,公息忌虽多为组何伤也?以组不便,公息忌虽无〔为〕组,亦何益也?为组与不为组,不足以累公息忌之说。用组之心,不可不察也。

鲁有恶者,其父出而见商咄,反而告其邻曰:"商咄不若吾子矣。"且其子至恶也,商咄至美也。彼以至美不如至恶,尤乎爱也。故知美之恶,知恶之美,然后能知美恶矣。庄子曰:"以瓦投者翔,以钩投者战,以黄金投者殆。其祥一也,而有所殆者,必外有所重者也。外有所重者,泄盖内掘。"鲁人可谓外有重矣。

解在乎齐人之欲得金也,及秦墨者之相妒也,皆有所(乎)尤也。老聃则得之矣。若植木而立乎独,必不合于俗,则何可扩矣。

听　言

四曰——

听言不可不察。不察则善不善不分。善不善不分,乱莫大焉。三代分善不善,故王。今天下弥衰,圣王之道废绝。世主多盛其欢乐，大其钟鼓，侈其台榭苑囿，以夺人财；轻用民死，以行其忿；老弱冻馁，夭腊壮狡，汔尽穷屈，加以死虏；攻无罪之国以索地，诛不辜之民以求利；而欲宗庙之安也，社稷之不危也，不亦难乎？今〔有〕人曰："某氏多货，其室培湿，守狗死，其势可穴也"，则必非之矣。曰："某国饥，其城郭庳，其守具寡，可袭而篡之"，则不非之，乃不知类矣。《周书》曰："往者不可及，来者不可待，（贤）〔能〕明其世〔者〕，谓之天子。"故当今之世，有能分善不善者，其王不难矣。〔分〕善不善本于（义）〔利〕，（不）〔本〕于爱，爱利之为道大矣。夫流于海者，行之旬月，见似人者而喜矣。及其期年也，见其所尝见物于中国者而喜矣。夫去人滋久，而思人滋深欤！乱世之民，其去圣王亦久矣。其愿见之，日夜无间，故贤王秀士之欲忧黔首者，不可不务也。

（功先名，）事先功，〔功先名，名先言〕，言先事。不知事恶能听言？不知情恶能当言？其与人穀言也，其有辩乎？其无辩乎？造父始习于大豆，蜂门始习于甘蝇，御大豆，射甘蝇，而不徙（人）〔之〕以为性者也。不徙之，所以致远追急也，所以除害禁暴也。凡人亦必有所习其心，然后能听说。不习其心，习之于学问。不学而能听说者，古今无有也。解在乎白圭之非惠子也，公孙龙之说燕昭王以偃兵及应空（洛）〔雄〕之遇也，孔穿之议公孙龙，翟剪之难惠子之法。此四士者之议，皆多故矣，不可不独论。

谨　听

五曰——

昔者禹一沐而三捉发，一食而三起，以礼有道之士，通乎己之不足也。通乎己之不足，则不与物争矣。愉易平静以待之，使夫自得之；因然而然之，使夫自言之。亡国之主反此，乃自贤而少人，少人则说者持容而不极，听者自多而不得，虽有天下何益焉？是乃冥之昭,乱之定,毁之成,危之宁,故殷、周以亡,比干以死,悖而不足以举。故人主之性,莫过乎所疑,而过于其所不疑;不过乎所不知,而过于其所以知。故虽不疑,虽已知,必察之以法,揆之以量,验之以数。若此则是非无所失,而举措无所过矣。

夫尧恶得贤天下而试舜?舜恶得贤天下而试禹?断之于耳而已矣。耳之可以断也,反性命之情也。今夫惑者,非知反性命之情,其次非知观于五帝、三王之所以成也,则奚自知其世之不可也?奚自知其身之不逮也?太上知之,其次知其不知。不知则问,不能则学。《周箴》曰:“夫自念斯,学德未暮。”学贤问〔智〕,三代之所以昌也。不知而自以为知,百祸之宗也。名不徒立,功不自成,国不虚存,必有贤者。贤者之道,牟而难知,妙而难见。故见贤者而不耸则不惕于心,不惕于心则知之不深。不深知贤者之所言,不祥莫大焉。

主贤世治则贤者在上,主不肖世乱则贤者在下。今周室既灭,而天子已绝。乱莫大于无天子,无天子则强者胜弱,众者暴寡,以兵相残,不得休息,今之世当之矣。故当今之世,求有道之士,则于四海之内、山谷之中、僻远幽闲之所,若此则幸于得之矣。得之则何欲而不得?何为而不成?太公钓于滋泉,遭纣之世也,故文王得之而王。文王,千乘也;纣,天子也。天子失之而千乘得之,知(之)与不知也。诸众齐民,不待知而使,不待礼而令。若夫有道之士,必礼必知,然后其智能可尽。解在乎胜书之说周公,〔周公〕可谓能听矣;齐桓公之见小臣稷、魏文侯之见田子方也,皆可谓能礼士矣。

务　本

六曰——

尝试观上古记,三王之佐,其名无不荣者,其实无不安者,功大也。《诗》云:“有晻凄凄,兴云祁祁,雨我公田,遂及我私。”三王之佐,皆能以公及其私矣。俗主之佐,其欲名实也与三王之佐同,而其名无不辱者,其实无不危者,无公故也。皆患其身不贵于国也,而不患其主之不贵于天下也;皆患其家之不富也,而不患其国之不大也;此所以欲荣而愈辱,欲安而益危。安危荣辱之本在于主,主之本在于宗庙,宗庙之本在于民,民之治乱在于有司。《易》曰:"复自道,何其咎,吉。"以言本无异则动卒有喜。今处官则荒乱,临财则贪得,列近则持谏,将众则罢怯,以此厚望于主,岂不难哉?

今有人于此,修身会计则可耻,临财物资尽则为己,若此而富者,非盗则无所取。故荣富非自至也,缘功伐也。今功伐甚薄而所望厚,诬也,无功伐而求荣富,诈也;诈诬之道,君子不由。人之议多曰:"上用我则国必无患。"用己者未必是也,而莫若其身自贤,而己犹有患,用己于国,恶得无患乎?己,所制也,释其所制,而夺乎其所不制,悖,未得治国治官可也。若夫内事亲,外交友,必可得也。苟事亲未孝,交友未笃,是所未得,恶能善之矣?故论人无以其所未得,而用其所已得;〔用其所已得,〕可以知其所未得矣。

古之事君者,必先服能然后任,必反情然后受。主虽过与,臣不徒取。《大雅》曰:"上帝临汝,无贰尔心",以言忠臣之行也。解在郑君之问被瞻之义也,薄疑应卫嗣君以无重税,此二士者皆近知本矣。

谕　大

七曰——

昔舜欲旗古今而不成,既足以成帝矣。禹欲帝而不成,既足以正殊俗矣。汤欲继禹而不成,既足以服四荒矣。武王欲及汤而不成,既足以王(道)〔通达〕矣。五伯欲继三王而不成,既足以为诸侯长矣。孔丘、墨翟欲行大道于世而不成,既足以成显名矣。夫大义之不成,既有成(矣)已。《夏书》曰:"天子之德广运,〔乃圣〕乃神,乃武乃文。故务在事(事在)大。”

地大则有常祥、不庭、岐母、群抵、天翟、不周，山大则有虎豹熊螇蛆，水大则有蛟龙鼋鼍鳣鲔。《商书》曰：“五世之庙，可以观怪；万夫之长，可以生谋。”空中之无泽陂也，井中之无大鱼也，新林之无长木也，凡谋物之成也，必由广大众多长久，信也。

季子曰：“燕雀争善处于一屋之下，子母相哺也。姁姁焉相乐也，自以为安矣。灶突决，则火上焚栋，燕雀颜色不变，是何也？乃不知祸之将及己也。为人臣〔能〕免于燕雀之智者寡矣。夫为人臣者，进其爵禄富贵，父子兄弟相与比周于一国，姁姁焉相乐也，以危其社稷，其为灶突近也，而终不知也，其与燕雀之智不异矣。故曰：‘天下大乱，无有安国；一国尽乱，无有安家；一家皆乱，无有安身’，此之谓也。故小之定也必恃大，大之安也必恃小。小大贵贱，交相为恃，然后皆得其乐。”定(贱)小在于贵大，解在乎薄疑说卫嗣君以王术，杜赫说周昭文君以安天下，及匡章之难惠子以王齐王也。

卷十四 孝行览第二

孝 行

一曰——

凡为天下,治国家,必务本而后末。所谓本者,非耕耘种殖之谓,务其人也。务其人,非贫而富之,寡而众之,务其本也。务本莫贵于孝。人主孝,则名章荣,下服听,天下誉。人臣孝,则事君忠,处官廉,临难死。士民孝,则耕芸疾,守战固,不罢北。夫孝,三皇五帝之本务,而万事之纪也。

夫执一术而百善至、百邪去、天下从者,其惟孝也。故论人必先以所亲而后及所疏,必先以所重而后及所轻。今有人于此,行〔孝敬〕于亲重,而不简慢于轻疏,则是笃谨孝道,先王之所以治天下也。故爱其亲,不敢恶人;敬其亲,不敢慢人。爱敬尽于事亲,光耀加于百姓,究于四海,此天子之孝也。

曾子曰:"身者,父母之遗体也。行父母之遗体,敢不敬乎?居处不庄,非孝也。事君不忠,非孝也。莅官不敬,非孝也,(朋)〔交〕友不笃,非孝也。战陈无勇,非孝也。五行不遂,灾及乎亲,敢不敬乎?"

《商书》曰:"刑三百,罪莫重于不孝。"

曾子曰:"先王之所以治天下者五:贵德,贵贵,贵老,敬长,慈幼。此五者,先王之所以定天下也。所谓贵德,为其近于圣也。所谓贵贵,为其近于君也。所谓贵老,为其近于亲也。所谓敬长,为其近于兄也。所谓慈幼,为其近于弟也。"

曾子曰:“父母生之,子弗敢杀。父母置之,子弗敢废。父母全之,子弗敢阙。故舟而不游,道而不径,能全支体,以守宗庙,可谓孝矣。”

养有五道:修宫室,安床笫,节饮食,养体之道也。树五色,施五采,列文章,养目之道也。正六律,和五声,杂八音,养耳之道也。熟五谷,烹六畜,和煎调,养口之道也。和颜色,说言语,敬进退,养志之道也。此五者,代进而厚用之,可谓善养矣。

乐正子春下堂而伤足,瘳而数月不出,犹有忧色。门人问之曰:“夫子下堂而伤足,瘳而数月不出,犹有忧色,敢问其故?”乐正子春曰:“善乎而问之。吾闻之曾子,曾子闻之仲尼:父母全而生之,子全而归之,不亏其身,不损其形,可谓孝矣。君子无行咫步而忘之。余忘孝道,是以忧。”故曰:身者非其私有也,严亲之遗躬也。

民之本教曰孝,其行孝曰养。养可能也,敬为难。敬可能也,安为难。安可能也,卒为难。父母既没,敬行其身,无遗父母恶名,可谓能终矣。仁者仁此者也,礼者履此者也,义者宜此者也,信者信此者也,强者强此者也。乐自顺此生也,刑自逆此作也。

本　味

二曰——

求之其本,经旬必得;求之其末,劳而无功。功名之立,由事之本也,得贤之化也。非贤其孰知乎事化?故曰其本在得贤。

有侁氏女子采桑,得婴儿于空桑之中,献之其君。其君令烰人养之。察其所以然,曰:“其母居伊水之上,孕,梦有神告之曰:‘臼出水而东走,毋顾。’明日,视臼出水,告其邻,东走十里,而顾其邑尽为水,身因化为空桑,故命之曰伊尹。”此伊尹生空桑之故也。长而贤。汤闻伊尹,使人请之有侁氏。有侁氏不可。伊尹亦欲归汤。汤于是请取妇为婚。有侁氏喜，以伊尹为媵送女。故贤主之求有道之士，无不以也；有道之士求贤主，无不行也；相得然后乐。不谋而亲，不约而信，相为殚智竭力，犯危行苦，志欢乐之，此功名所以大成也。〔功名之成〕固不独。士有孤而自恃，人主有奋而好独者，则名号必废熄，社稷必危殆。故黄帝立四面，(尧)舜得伯阳、续耳然后成，凡贤人之德有以知之也。

伯牙鼓琴，钟子期听之，方鼓琴而志在太山，钟子期曰："善哉乎鼓琴，巍巍乎若太山。"少选之间，而志在流水，钟子期又曰："善哉乎鼓琴，汤汤乎若流水。"钟子期死，伯牙破琴绝弦，终身不复鼓琴，以为世无足复为鼓琴者。非独琴若此也，贤者亦然。虽有贤者，而无礼以接之，贤奚由尽忠？犹御之不善，骥不自千里也。

汤得伊尹，祓之于庙，爝以爟火，衅以牺猳。明日，设朝而见之，说汤以至味，汤曰："可对而为乎？"对曰："君之国小，不足以具之，为天子然后可具。夫三群之虫，水居者腥，肉玃者臊，草食者羶，臭恶犹美，皆有所以。凡味之本，水最为始。五味三材，九沸九变，火为之纪。时疾时徐，灭腥去臊除羶，必以其胜，无失其理。调和之事，必以甘酸苦辛咸，先后多少，其齐甚微，皆有自起。鼎中之变，精妙微纤，口弗能言，志不能喻。若射御之微，阴阳之化，四时之数。故久而不弊，熟而不烂，甘而不哝，酸而不酷，咸而不减，辛而不烈，淡而不薄，肥而不腠。肉之美者，猩猩之唇，獾獾之炙，隽觾之翠，述荡之掔，旄象之约。流沙之西，丹山之南，有凤之丸，沃民所食。鱼之美者：洞庭之鱄，东海之鲕。醴水之鱼，名曰朱鳖，六足，有珠百碧。雚水之鱼，名曰鳐，其状若鲤而有翼，常从西海夜飞，游于东海。菜之美者，昆仑之蘋，寿木之华。指姑之东，中容之国，有赤木玄木之叶焉。余瞀之南，南极之崖，有菜，其名曰嘉树，其色若碧。阳华之芸。云梦之芹。具区之菁。浸渊之草，名曰土英。和之美者：阳朴之姜，招摇之桂，越骆之菌，鳣鲔之醢，大夏之盐，宰揭之露，其色如玉，长泽之卵。饭之美者：玄山之禾，不周之粟，阳山之穄，南海之秬。水之美者：三危之露；昆仑之井；沮江之丘，名曰摇水；曰山之水；高泉之山，其上有涌泉焉，冀州之原。果之美者：沙棠之实；常山之北，投渊之上，有百果焉，群帝所食；箕山之东，青岛之所，有甘栌焉；江浦之橘；云梦之柚。汉上石耳。所以致之(马之美)者：青龙之匹，遗风之乘。非先为天子，不可得而具。天子不可强为，必先知道。道者止彼在己，己成而天子成，天子成则至味具。故审近所以知远也，成己所以成人也。圣人之道要矣，岂越越多业哉！”

首　时

三曰——

圣人之于事，似缓而急、似迟而速以待时。王季历困而死，文王苦之，有不忘羑里之丑，时未可也。武王事(之)〔纣〕夙夜不懈，亦不忘王门之辱，立十二年，而成甲子之事。时固不易得。太公望，东夷之士也，欲定一世而无其主，闻文王贤，故钓于渭以观之。

伍子胥欲见吴王而不得。客有言之于王子光者，见之而恶其貌，不听其说而辞之。客请之王子光，王子光曰：“其貌适吾所甚恶也。”客以闻伍子胥，伍子胥曰：“此易故也。愿令王子居于堂上，重帷而见其衣若手，请因说之。”王子许〔之〕。伍子胥说之半，王子光举帷，搏其手而与之坐。说毕，王子光大说。伍子胥以为有吴国者必王子光也，退而耕于野七年。王子光代吴王僚为王，任子胥，子胥乃修法制，下贤良，选练士，习战斗；六年，然后大胜楚于柏举，九战九胜，追北千里，昭王出奔随，遂有郢，亲射王宫，鞭荆平之坟三百。乡之耕，非忘其父之仇也，待时也。

墨者有田鸠欲见秦惠王，留秦三年而弗得见。客有言之于楚王者，往见楚王，楚王说之，与将军之节以如秦，至，因见惠王。告人曰:“之秦之道,乃之楚乎?”〔物〕固有近之而远,远之而近者。时亦然。有汤武之贤而无桀纣之时不成,有桀纣之时而无汤武之贤亦不成。圣人之见时,若步之与影不可离。故有道之士未遇时,隐匿分窜,勤以待时。时至,有从布衣而为天子者,有从千乘而得天下者,有从卑贱而佐三王者,有从匹夫而报万乘者,故圣人之所贵唯时也。水冻方固,后稷不种,后稷之种必待春,故人虽智而不遇时无功。方叶之茂美,终日采之而不知,秋霜既下,众林皆羸。事之难易,不在小大,务在知时。

郑子阳之难,猘狗溃之;齐高国之难,失牛溃之;众因之以杀子阳、高国。当其时,狗牛犹可以为人唱,而况乎以人为唱乎?

饥马盈厩,嗼然,未见刍也;饥狗盈窖,嗼然,未见骨也;见骨与刍,动不可禁。乱世之民,嗼然,未见贤者也,见贤人则往不可止。往者非其形,心之谓乎!齐以东帝困于天下而鲁取徐州,邯郸以寿陵困于万民而卫取茧氏。以鲁、卫之细而皆得志于大国,遇其时也。故贤主秀士之欲忧黔首者,乱世当之矣。天不再与,时不久留,能不两工,事在当之。

义　赏

四曰——

春气至则草木产,秋气至则草木落,产与落或使之,非自然也。故使之者至,物无不为;使之者不至,物无可为。古之人审其所以使,故物莫不为用。赏罚之柄,此上之所以使也。其所以加者义,则忠信亲爱之道彰。久彰而愈长,民之安之若性,此之谓教成。教成则虽有厚赏严威弗能禁。故善教者,(不)〔义〕以赏罚而教成,教成而赏罚弗能禁。用赏罚不当亦然。奸伪贼乱贪戾之道兴,久兴而不息,民之仇之若性,戎、夷、胡、貉、巴、越之民是以,虽有厚赏严罚弗能禁。郢人之以两版垣也,吴起变之而见恶,赏罚易而民安乐;氐羌之民,其虏也,不忧其系累,而忧其死不焚也;皆成乎邪也。〔且成而贼民。〕故赏罚之所加,不可不慎。(且成而贼民。)

昔晋文公将与楚人战于城濮,召咎犯而问曰:"楚众我寡,奈何而可?"咎犯对曰:"臣闻繁礼之君,不足于文;繁战之君,不足于诈。君亦诈之而已。"文公以咎犯言告雍季,雍季曰:"竭泽而渔,岂不获得?而明年无鱼。焚薮而田,岂不获得?而明年无兽。诈伪之道,虽今偷可,后将无复,非长术也。"文公用咎犯之言,而败楚人于城濮。反而为赏,雍季在上。左右谏曰:"城濮之功,咎犯之谋也。君用其言而赏后其身,或者不可乎!"文公曰:"雍季之言,百世之利也,咎犯之言,一时之务也。焉有以一时之务先百世之利者乎?"孔子闻之曰:"临难用诈,足以却敌。反而尊贤,足以报德。文公虽不终始,足以霸矣。"赏重则民移之,民移之则成焉。成乎诈,其成毁,其胜败。天下胜者众矣,而霸者乃五,文公处其一,知胜之所成也。胜而不知胜之所成,与无胜同。秦胜于戎而败乎殽,楚胜于诸夏而败乎柏举。武王得之矣,故一胜而王天下。众诈盈国,不可以为安,患非独外也。

赵襄子〔围于晋阳,〕出围,赏有功者五人,高赦为首。张孟谈曰:"晋阳之(中)〔事〕,赦无大功,赏而为首何也?"襄子曰:"〔晋阳之围,〕寡人之国危,社稷殆,身在忧约之中,与寡人交而不失君臣之礼者惟赦,吾是以先之。"仲尼闻之曰:"襄子可谓善赏矣。赏一人而天下之为人臣〔者〕莫敢失礼。"为六军则不可易。北取代,东迫齐。令张孟谈逾城潜行,与魏桓、韩康期而击智伯,断其头以为觞,遂定三家,岂非用赏罚当邪?

长　攻

五曰——

凡治乱存亡，安危强弱，必有其遇，然后可成，各一则不设。故桀、纣虽不肖，其亡遇汤、武也，遇汤、武，天也，非桀、纣之不肖也；汤、武虽贤，其王遇桀、纣也，遇桀、纣，天也，非汤、武之贤也。若桀、纣不遇汤、武，未必亡也；桀、纣不亡，虽不肖，辱未至于此。若使汤、武不遇桀、纣，未必王也；汤、武不王，虽贤，显未至于此。故人主有大功，不闻不肖，亡国之主不闻贤。譬之若良农，辩土地之宜，谨耕耨之事，未必收也；然而收者，必此人也始在于遇时雨，遇时雨，天(地)也，非良农所能为也。

越国大饥，王恐，召范蠡而谋。范蠡曰："王何患焉？今之饥，此越之福而吴之祸也。夫吴国甚富而财有馀，其王年少，智寡材轻，好须臾之名，不思后患。王若重币卑辞以请籴于吴，则食可得也。食得，其卒越必有吴，而王何患焉？"越王曰："善。"乃使人请食于吴，吴王将与之。伍子胥进谏曰："不可与也。夫吴之与越，接土邻境，道易人通，仇雠敌战之国也，非吴丧越，越必丧吴。若燕、秦、齐、晋，山处陆居，岂能逾五湖九江、越十七阨以有吴哉？故曰非吴丧越，越必丧吴。今将输之粟，与之食，是长吾雠而养吾仇也。财匮而民(恐)〔怨〕，悔无及也。不若勿与而攻之，固其数也，此昔吾先王之所以霸。"(且夫饥，代事也，犹渊之与阪，谁国无有？)吴王曰："不然。吾闻之：'义兵不攻服，仁者食饥饿。'今服而攻之，非义兵也；饥而不食，非(仁体)〔体仁〕也。不仁不义，虽得十越，吾不为也。〔且夫饥，代事也，犹渊之与阪，谁国无有？〕"遂与之食。不出三年而吴亦饥，使人请食于越，越王弗与，乃攻之，夫差为擒。

楚王欲取息与蔡，乃先佯善蔡侯，而与之谋曰："吾欲得息，奈何?”蔡侯曰:“息夫人,吾妻之姨也。吾请为飨息侯与其妻者,而与王俱,因而袭之。”楚王曰:“诺。”于是与蔡侯以飨礼入于息,因与俱,遂取息。旋,舍于蔡,又取蔡。

赵简子病,召太子而告之曰:“我〔则〕死,已葬,服衰而上夏屋之山以望。”太子敬诺。简子死,已葬,服衰。召大臣而告之曰:“愿登夏屋以望。”大臣皆谏曰:“登夏屋以望,是游也。服衰以游,不可。”襄子曰:“此先君之命也,寡人弗敢废。”群臣敬诺。襄子上于夏屋以望代俗,(其)〔甚〕乐甚美,于是襄子曰:先君必以此教之也。”及归,虑所以取代,乃先善之。代君好色,请以其(弟)姊妻之,代君许诺。(弟)姊已往,所以善代者乃万故。马郡宜马,代君以善马奉襄子,〔马群尽。〕襄子谒于代君而请觞之,(马郡尽)先令舞者置兵其羽中数百人,〔又〕先具大金斗。代君至,酒酣,反斗而击之,一成,脑涂地。舞者操兵以斗,尽杀其从者。因以代君之车迎其妻,其妻遥闻之状,磨笄以自刺,故赵氏至今有(刺)〔磨〕笄之证与“反斗”之号。

此三君者,其有所自而得之。不备遵理,然而后世称之,有功故也。有功于此而无其失,虽王可也。

慎人

六曰——

功名大立,天也;为是故,因不慎其人不可。夫舜遇尧,天也;舜耕于历山,陶于河滨,钓于雷泽,天下说之,秀士从之,人也。夫禹遇舜,天也;禹周于天下,以求贤者,事利黔首,水潦川泽之湛滞壅塞可通者,禹尽为之,人也。夫汤遇桀,武遇纣,天也;汤、武修身积善为义,以忧苦于民,人也。

舜之耕渔,其贤不肖与为天子同。其未遇时也,以其徒属,(堀)〔掘〕地财,取水利,编蒲苇,结罘网,手足胼胝不居,然后免于冻馁之患。其遇时也,登为天子,贤士归之,万民誉之,丈夫女子,振振殷殷,无不戴说。舜自为诗曰:“普天之下,莫非王土,率土之滨,莫非王臣”,所以见尽有之也。尽有之,贤非加也;尽无之,贤非损也;时使然也。

百里奚之未遇时也,亡虢而虏晋,饭牛于秦,传鬻以五羊之皮。公孙枝得而说之,献诸缪公,三日,请属事焉。缪公曰:“买之五羊之皮而属事焉,无乃〔为〕天下笑乎?”公孙枝对曰:“信贤而任之,君之明也;让贤而下之,臣之忠也;君为明君,臣为忠臣,彼信贤,境内将服,敌国且畏,夫谁暇笑哉?”缪公遂用之。谋无不当,举必有功,非加贤也。使百里奚虽贤,无得缪公,必无此名矣。今焉知世之无百里奚哉?故人主之欲求士者,不可不务博也。

孔子穷于陈、蔡之间,七日不尝食,藜羹不糁。宰予(备)〔惫〕矣,孔子弦歌于室,颜回择菜于外。子路与子贡相与而言曰:“夫子〔再〕逐于鲁,削迹于卫,伐树于宋,穷于陈、蔡,杀夫子者无罪,藉夫子者不禁,夫子弦歌鼓舞,未尝绝音,盖君子之无所丑也若此乎?”颜回无以对,入以告孔子。孔子憱然推琴,喟然而叹曰:“由与赐,小人也。召,吾语之。”子路与子贡入。子贡曰:“如此者可谓穷矣。”孔子曰:“是何言也?君子达于道之谓达,穷于道之谓穷。今丘也拘仁义之道,以遭乱世之患,其所也,何穷之谓?故内省而不疚于道,临难而不失其德。大寒既至,霜雪既降,吾是以知松柏之茂也。昔桓公得之莒,文公得之曹,越王得之会稽。陈、蔡之阨,于丘其幸乎!”孔子烈然返瑟而弦,子路抗然执干而舞。子贡曰:“吾不知天之高也,不知地之下也。”古之得道者,穷亦乐,达亦乐。所乐非穷达也,道得于此,则穷达一也,为寒暑风雨之序矣。故许由虞乎颍阳,而共伯得乎共首。

遇　合

七曰——

凡遇，合也。时不合，必待合而后行。故比翼之鸟死乎木，比目之鱼死乎海。孔子周流海内，再干世主，如齐至卫，所见八十馀君，委质为弟子者三千人，达徒七十人，七十人者，万乘之主得一人用可为师，不为无人，以此游仅至于鲁司寇，此天子之所以时绝也，诸侯之所以大乱也。乱则愚者之多幸也，幸则必不胜其任矣。任久不胜，则幸反为祸。其幸大者，其祸亦大，非祸独及己也。故君子不处幸，不为苟，必审诸己然后任，任然后动。

凡能听说者，必达乎论议者也。世主之能识论议者寡，所遇恶得不苟？凡能听音者，必达于五声。人之能知五声者寡，所善恶得不苟？客有以吹籁见越王者，羽角宫徵商不谬，越王不善，为野音而反善之。说之道亦有如此者也。

（人）有为人妻者。人告其父母曰："嫁不必（生）〔成〕也。衣器之物，可外藏之，以备不生。"其父母以为然，于是令其女常外藏。姑妐知之，曰："为我妇而有外心，不可畜。"因出之。妇之父母，以谓为己谋者（以）为忠，终身善之，亦不知所以然矣。宗庙之灭，天下之失，亦由此矣。故曰遇合也无常。说，适然也。若人之于色也，无不知说美者，而美者未必遇也。故嫫母执乎黄帝，黄帝曰："厉女德而弗忘，与女正而弗衰，虽恶奚伤？"若人之于滋味，无不说甘脆，而甘脆未必受也。文王嗜昌蒲菹，孔子闻（而服）之，缩頞而食之，三年然后胜之。人有大臭者，其亲戚兄弟妻妾知识无能与居者，自苦而居海上。海上人有说其臭者，昼夜随之而弗能去。说亦有若此者。

陈有恶人焉，曰敦洽雠糜，雄颡广颜，色如浃赪，垂眼临鼻，长肘而盭，陈侯见而甚说之，外使治其国，内使制其身。楚合诸侯，陈侯病不能往,使敦洽雠糜往谢焉。楚王怪其名而先见之。客(有)进,状有恶其名,言有恶〔其〕状。楚王怒,合大夫而告之,曰:“陈侯不知其不可使,是不知也;知而使之,是侮也;侮且不智,不可不攻也。”兴师伐陈,三月然后丧。恶足以骇人,言足以丧国,而友之足于陈侯而无上也,至于亡而友不衰。夫不宜遇而遇者则必废,宜遇而不遇者〔则必亡〕,此国之所以乱,世之所以衰也。天下之民,其苦愁劳务从此生。凡举人之本,太上以志,其次以事,其次以功。三者弗能,国必残亡,群孽大至,身必死殃,年得至七十、九十犹尚幸。贤圣之后,反而孽民,是以贼其身,岂能独哉?

必己

八曰——

外物不可必,故龙逄诛,比干戮,箕子狂,恶来死,桀、纣亡。人主莫不欲其臣之忠,而忠未必信,故伍员流乎江,苌弘死、藏其血三年而为碧。亲莫不欲其子之孝,而孝未必爱,故孝己疑,曾子悲。

庄子行于山中,见木甚美,长大,枝叶盛茂,伐木者止其旁而弗取,问其故,曰:“无所可用。”庄子曰:“此以不材得终其天年矣。”出于山,及邑,舍故人之家。故人喜,具酒肉,令竖子为杀雁飨之。竖子请曰:“其一雁能鸣,一雁不能鸣,请奚杀?”主人(之公)曰:“杀其不能鸣者。”明日,弟子问于庄子曰:“昔者山中之木以不材得终天年,主人之雁以不材死,先生将何以处?”庄子笑曰:“周将处于材、不材之间。材、不材之间,似之而非也,故未免乎累。若夫〔乘〕道德〔而浮游〕则不然:无讶无訾,一龙一蛇,与时俱化,而无肯专为;一上一下,以禾为量,而浮游乎万物之祖,物物而不物于物,则胡可得而累?此神农、黄帝之所法。若夫万物之情、人伦之传则不然:成则毁,大则衰,廉则剉,尊则亏,直则骫,合则离,爱则隳,多智则谋,不肖则欺,胡可得而必?"

牛缺居上地大儒也,下之邯郸,遇盗于耦沙之中。盗求其橐中之载则与之;求其车马则与之,求其衣被则与之。牛缺(出)〔步〕而去。盗相谓曰:"此天下之显人也,今辱之如此,此必愬我于万乘之主,万乘之主必以国诛我,我必不生,不若相与追而杀之,以灭其迹。"于是相与趋之,行三十里,及而杀之。此以知故也。孟贲过于河,先其五,船人怒,而以楫虒其头,顾不知其孟贲也。中河,孟贲瞋目而视船人,发植,目裂,鬓指,舟中之人尽扬播入于河。使船人知其孟贲,弗敢直视,涉无先者,又况于辱之乎?此以不知故也。知与不知,皆不足恃,其惟和调近之。犹未可必,盖有不辨和调者,则和调有不免也。宋桓司马有宝珠,抵罪出亡。王使人问珠之所在,曰"投之池中",于是竭池而求之,无得,鱼〔尽〕死焉。此言祸福之相及也。纣为不善于商,而祸充天地,和调何益?

张毅好恭,〔见〕门闾帷薄聚(居)众无不趋,舆隶姻媾小童无不敬,以定其身,不终其寿,内热而死。单豹好术,离俗弃尘,不食谷实,不衣芮温,身处山林岩堀,以全其生,不尽其年,而虎食之。孔子行道而息,马逸,食人之稼,野人取其马。子贡请往说之,毕辞,野人不听。有鄙人始事孔子者曰:"请往说之。"因谓野人曰:"子不耕于东海,吾不耕于西海也,吾马何得不食子之禾?"其野人大说,相谓曰:"说亦皆如此其辩也,独如向之人?"解马而与之。说如此其无方也而犹行,外物岂可必哉?

君子之自行也,敬人而不必见敬,爱人而不必见爱。敬爱人者,己也;见敬爱者,人也。君子必在己者,不必在人者也,必在己无不遇矣。

卷十五　慎大览第三

慎　大

一曰——

贤主愈大愈惧，愈强愈恐。凡大者，小邻国也；强者，胜其敌也。胜其敌则多怨，小邻国则多患。多患多怨，国虽强大，恶得不惧，恶得不恐？故贤主于安思危，于达思穷，于得思丧。《周书》曰："若临深渊，若履薄冰"，以言慎事也。

桀为无道，暴戾顽贪，天下颤恐而患之，言者不同，纷纷分分，其情难得。干辛任威，凌轹诸侯，以及兆民，贤良郁怨。杀彼龙逄，以服群凶。众庶泯泯，皆有远志，莫敢直言，其生若惊。大臣同患，弗周而畔。桀愈自贤，矜过善非，主道重塞，国人大崩。汤乃惕惧，忧天下之不宁，欲令伊尹往视旷夏，恐其不信，汤由亲自射伊尹。伊尹奔夏三年，反报于亳，曰："桀迷惑于末嬉，好彼琬、琰，不恤其众，众志不堪，上下相疾，民心积怨，皆曰'上天弗恤，夏命其卒'。"汤谓伊尹曰："若告我旷夏尽如诗。"汤与伊尹盟，以示必灭夏。伊尹又复往视旷夏，听于末嬉。末嬉言曰："今昔天子梦西方有日，东方有日，两日相与斗，西方日胜，东方日不胜。"伊尹以告汤。商涸旱，汤犹发师，以信伊尹之盟，故令师从东方出于国，西以进。未接刃而桀走，逐之至大沙，身体离散，为天下戮，不可正谏，虽后悔之，将可奈何？汤立为天子，夏民大说，如得慈亲，朝不易位，农不去畴，商不变肆，亲郼如夏。此之谓至公，此之谓至安，此之谓至信。尽行伊尹之盟，不避旱殃，祖伊尹世世享商。

武王胜殷，入殷，未下舆，命封黄帝之后于铸，封帝尧之后于黎，封帝舜之后于陈；下舆，命封夏后之后于杞，立成汤之后于宋以奉桑林。武王乃恐惧，太息流涕，命周公旦进殷之遗老，而问殷之亡故，又问众之所说、民之所欲。殷之遗老对曰："欲复盘庚之政。"武王于是复盘庚之政；发巨桥之粟，赋鹿台之钱，以示民无私；出拘救罪，分财弃责，以振穷困；封比干之墓，靖箕子之宫，表商容之间，(士)〔徒〕过者趋，车过者下；三日之内，与谋之士封为诸侯，诸大夫赏以书社，庶士施政去赋；然后于济河，西归报于庙；乃税马于华山，税牛于桃林，马弗复乘，牛弗复服；衅鼓旗甲兵，藏之府库，终身不复用。此武王之德也。故周明堂外户不闭，示天下不藏也。唯不藏也可以守至藏。武王胜殷，得二虏而问焉，曰："若国有妖乎？一虏对曰："吾国有妖。昼见星而天雨血，此吾国之妖也。"一虏对曰："此则妖也。虽然，非其大者也。吾国之妖，甚大者，子不听父，弟不听兄，君令不行，此妖之大者也。"武王避席再拜之。此非贵虏也，贵其言也。故《易》曰："愬愬履虎尾，终吉。"

赵襄子攻翟，胜老人、中人，使使者来谒之，襄子方食抟饭，有忧色。左右曰："一朝而两城下，此人之所(以)喜也，今君有忧色何?"襄子曰："江河之大也，不过三日，飘风暴雨〔不终朝〕，日中不须臾。今赵氏之德行，无所于积，一朝而两城下，亡其及我乎?"孔子闻之曰："赵氏其昌乎！"夫忧所以为昌也，而喜所以为亡也；胜非其难者也，持之其难者也。贤主以此持胜，故其福及后世。齐、荆、吴、越皆尝胜矣，而卒取亡，不达乎持胜也。唯有道之主能持胜。孔子之劲，举国门之关，而不肯以力闻，墨子为守攻，公输般服，而不肯以兵加。善持胜者，以〔弱〕术强(弱)。

权　勋

二曰——

利不可两,忠不可兼。不去小利则大利不得,不去小忠则大忠不至。故小利,大利之残也;小忠,大忠之贼也。圣人去小取大。

昔荆龚王与晋厉公战于鄢陵,荆师败,龚王伤。临战,司马子反渴而求饮,竖阳穀操黍酒而进之。子反叱曰:"訾!退!酒也。"竖阳穀对曰:"非酒也。"子反曰:"亟退,却也。"竖阳穀又曰:"非酒也。"子反受而饮之。子反之为人也嗜酒,甘〔之〕而不能绝于口,以醉。战既罢,龚王欲复战而谋〔事〕,使〔人〕召司马子反。子反辞以心疾。龚王驾而往视之,入幄中,闻酒臭而还,曰:"今日之战,不谷亲伤,所恃者司马也。而司马又若此,是忘荆国之社稷、而不恤吾众也。不谷无与复战矣。"于是罢师去之,斩司马子反以为戮。故竖阳穀之进酒也,非以醉子反也,其心以忠也,而适足以杀之,故曰小忠,大忠之贼也。

昔者晋献公使荀息假道于虞以伐虢,荀息曰:"请以垂棘之璧与屈产之乘,以赂虞公,而求假道焉,必可得也。"献公曰:"夫垂棘之璧,吾先君之宝也;屈产之乘,寡人之骏也。若受吾币而不吾假道,将奈何?"荀息曰:"不然。彼若不吾假道,必不吾受也。若受我而假我道,是犹取之内府而藏之外府也,犹取之内厩而著之外厩也。君奚患焉?"献公许之。乃使荀息以屈产之乘为庭实,而加以垂棘之璧,以假道于虞而伐虢。虞公滥于宝与马而欲许之。宫之奇谏曰:"不可许也。虞之与虢也,若车之有辅也,车依辅,辅亦依车,虞、虢之势是也。先人有言曰:'唇竭而齿寒。'夫虢之不亡也恃虞,虞之不亡也亦恃虢也。若假之道,则虢朝亡而虞夕从之矣。奈何其假之道也?"虞公弗听,而假之道。荀息伐虢,克之。还反伐虞,又克之。荀息操璧牵马而报。献公喜曰:“璧则犹是也,马齿亦薄长矣。”故曰小利,大利之残也。

中山之国有厹繇者。智伯欲攻之而无道也,为铸大钟,方车二轨以遗之。厹繇之君将斩岸堙谿以迎钟。赤章蔓枝谏曰:“《诗》云:‘唯则定国。’我胡则以得是于智伯?夫智伯之为人也贪而无信,必欲攻我而无道也,故为大钟,方车二轨以遗君。君因斩岸堙谿以迎钟,师必随之。”弗听。有顷,〔又〕谏之,君曰:“大国为欢,而子逆之,不祥。子释之。”赤章蔓枝曰:“为人臣不忠贞,罪也;忠贞不用,远身可也。”断毂而行,至卫七日而厹繇亡。欲钟之心胜也,欲钟之心胜则安厹繇之说塞矣。凡听说,所胜不可不审也,故太上先胜。

昌国君将五国之兵以攻齐。齐使触子将,以迎天下之兵于济上。齐王欲战,使人赴触子,耻而訾之曰:“不战,必刬若类,掘若垄。”触子苦之,欲齐军之败。于是以天下兵战,战合,击金而却之,卒北,天下兵乘之,触子因以一乘去,莫知其所,不闻其声。达子又帅其余卒,以军于秦周,无以赏,使人请金于齐王。齐王怒曰:“若残竖子之类,恶能给若金?”与燕人战,大败,达子死,齐王走莒。燕人逐北入国,相与争金于美唐甚多。此贪于小利以失大利者也。

下 贤

三曰——

有道之士固骄人主,人主之不肖者亦骄有道之士,日以相骄?奚时相得?若儒、墨之议与齐、荆之服矣。贤主则不然,士虽骄之,而已愈礼之,士安得不归之?士所归,天下从之,帝。帝也者,天下之〔所〕适也;王也者,天下之〔所〕往也。得道之人,贵为天子而不骄倨,富有天下而不骋夸,卑为布衣而不瘁摄,贫无衣食而不忧慑,狠乎其诚自有也,觉乎其不疑有以也,桀乎其必不渝移也,循乎其与阴阳化也，匆匆乎其心之坚固也，空空乎其不为巧故也，迷乎其志气之远也，昏乎其深而不测也，确乎其节之不庳也，就就乎其不肯自是〔也〕，鹄乎其羞用智虑也，假乎其轻俗诽誉也，以天为法，以德为行，以道为宗，与物变化而无所终(穷)，精充天地而不竭，神覆宇宙而无(望)〔穷〕，莫知其始，莫知其终，莫知其门，莫知其端，莫知其源，其大无外，其小无内，此之谓至贵。士有若此者，五帝弗得而友，三王弗得而师，去其帝王之色，则近可得之矣。

尧不以帝见善绻，北面而问焉。尧，天子也；善绻，布衣也。何故礼之若此其甚也？善绻得道之士也，得道之人，不可骄也。尧论其德行达智而弗若，故北面而问焉，此之谓至公。非至公其孰能礼贤？

周公旦，文王之子也，武王之弟也，成王之叔父也，所朝于穷巷之中、瓮牖之下者七十人。文王造之而未遂，武王遂之而未成，周公旦抱少主而成之，故曰成王，不唯以身下士邪？

齐桓公见小臣稷，一日三至弗得见。从者曰："万乘之主，见布衣之士，一日三至而弗得见，亦可以止矣。"桓公曰："不然。士傲禄爵者，固轻其主；其主傲霸王者，亦轻其士。纵夫子傲禄爵，吾庸敢傲霸王乎？"遂见之，不可止。世多举桓公之内行，内行虽不修，霸亦可矣。诚行之此论而内行修，王犹少。

子产相郑，往见壶丘子林，与其弟子坐必以年，是倚其相于门也。夫相万乘之国而能遗之，谋志论行，而以心与人相索，其唯子产乎？故相郑十八年，刑三人，杀二人，桃李之垂于行者莫之援也，锥刀之遗于道者莫之举也。

魏文侯见段干木，立倦而不敢息，反见翟黄，踞于堂而与之言。翟黄不说。文侯曰："段干木官之则不肯，禄之则不受。今汝欲官则相位，欲禄则上卿，既受吾实，又责吾礼，无乃难乎？"故贤主之畜人也，不肯受实者其礼之。礼士莫高乎节欲，欲节则令行矣，文侯可谓好礼士矣。好礼士故南胜荆于连堤；东胜齐于长城，虏齐侯，献诸天子，天子赏文侯以上卿。

报 更

四曰——

国虽小，其食足以食天下之贤者，其车足以乘天下之贤者，其财足以礼天下之贤者，与天下之贤者为徒，此文王之所以王也。今虽未能王，其以为安也，不亦易乎？此赵宣孟之所以免也，周昭文君之所以显也，孟尝君之所以却荆兵也。古之大立功名与安国免身者，其道无他，其必此之由也。堪士不可以骄恣屈也。

昔赵宣孟将上之绛，见骫桑之下，有饿人卧不能起者，宣孟止车，为之下食，蠲而铺之，再咽而后能视。宣孟问之曰："汝何为而饿若是?"对曰："臣宦于绛，归而粮绝，羞行乞而憎自取，故至于此。"宣孟与脯一朐，拜受而弗敢食也。问其故，对曰："臣有老母，将以遗之。"宣孟曰："斯食之，吾更与汝。"乃复赐之脯二束与钱百，而遂去之。处二年，晋灵公欲杀宣孟，伏士于房中以待之，因发酒于宣孟。宣孟知之，中饮而出。灵公令房中之士疾追而杀之。一人追疾，先及宣孟，(之面)〔面之〕曰："嘻，君舆！吾请为君反死。"宣孟曰："而名为谁?"反走对曰："何以名为！臣骫桑下之饿人也。"还斗而死。宣孟遂活。此《书》之所谓"德几无小"者也。宣孟德一士犹活其身，而况德万人乎？故《诗》曰："赳赳武夫，公侯干城"，"济济多士，文王以宁"。人主胡可以不务哀士？士其难知，唯博之为可，博则无所遁矣。

张仪，魏氏馀子也，将西游于秦，过东周。客有语之于昭文君者曰："魏氏人张仪，材士也，将西游于秦，愿君之礼貌之也。"昭文君见而谓之曰："闻客之秦。寡人之国小，不足以留客。虽(游)然，〔游〕

岂必遇哉？客或不遇，请为寡人而一归也，国虽小，请与客共之。”张仪还走，北面再拜。张仪行，昭文君送而资之，至于秦，留有间，惠王说而相之。张仪所德于天下者，无若昭文君。周，千乘也，重过万乘也，（令秦惠王师之）逢泽之会，魏王尝为御，韩王为右，〔令秦惠王师之，〕名号至今不忘，此张仪之力也。

孟尝君前在于薛，荆人攻之。淳于髡为齐使于荆，还反，过于薛。孟尝君令人礼貌而亲郊送之，谓淳于髡曰：“荆人攻薛，夫子弗为忧，文无以复待矣。”淳于髡曰：“敬闻命矣。”至于齐，毕报。王曰：“何见于荆？”对曰：“荆甚固，而薛亦不量其力。”王曰：“何谓也？”对曰：“薛不量其力，而为先王立清庙，荆固而攻薛，（薛）清庙必危，故曰薛不量其力，而荆亦甚固。”齐王知颜色，曰：“嘻！先君之庙在焉。”疾举兵救之，由是薛遂全。颠蹶之请，坐拜之谒，虽得则薄矣。（故善说者，陈其势，言其方，见人之急也，若自在危厄之中，岂用强力哉？强力则鄙矣。说之不听也，任不独在所说，亦在说者。）

顺　说

五曰——

善说者若巧士，因人之力以自为力；因其来而与来，因其往而与往；不设形象，与生与长，而言之与响；与盛与衰，以之所归；力虽多，材虽劲，（以）〔不〕制其命。顺风而呼，声不加疾也；（际）〔登〕高而望，目不加明也；所因便也。

惠盎见宋康王。康王蹀足謦欬，疾言曰：“寡人之所说者勇有力，而无为仁义者。客将何以教寡人？”惠盎对曰：“臣有道于此，使人虽勇，刺之不入，虽有力，击之弗中。大王独无意邪？”王曰：“善！此寡人〔之〕所欲闻也。”惠盎曰：“夫刺之不入，击之不中，此犹辱也。臣有道于此，使人虽有勇弗敢刺，虽有力不敢击。大王独无意邪？”

王曰:“善!此寡人之所欲知也。”惠盎曰:“夫不敢刺、不敢击,非无其志也。臣有道于此,使人本无其志也。大王独无意邪?”王曰:“善!此寡人之所愿也。”惠盎曰:“夫无其志也,未有爱利之心也。臣有道于此,使天下丈夫女子莫不欢然皆欲爱利之,此其贤于勇有力也,居四累之上。大王独无意邪?”王曰:“此寡人之所欲得〔也〕。”惠盎对曰:“孔、墨是也。孔丘、墨翟,无地为君,无官为长,天下丈夫女子莫不延颈举踵而愿安利之。今大王,万乘之主也,诚有其志,则四境之内皆得其利矣,其贤于孔、墨也远矣。”宋王无以应。惠盎趋而出。宋王谓左右曰:“辨矣。客之以说服寡人也。”宋王,俗主也,而心犹可服,因矣。因则贫贱可以胜富贵矣,小弱可以制强大矣。

田赞衣补衣而见荆王,荆王曰:“先生之衣何其恶也?”田赞对曰:“衣又有恶于此者也。”荆王曰:“可得而闻乎?”对曰:“甲恶于此。”王曰:“何谓也?”对曰:“冬日则寒,夏日则暑,衣无恶乎甲者。赞也贫,故衣恶也。今大王,万乘之主也,富贵无敌,而好衣民以甲,臣弗得也。意者为其义邪?甲之事,兵之事也,刈人之颈,刳人之腹,隳人之城郭,刑人之父子也,其名又甚不荣。意者为其实邪?苟虑害人,人亦必虑害之;苟虑危人,人亦必虑危之。其实(人则)〔又〕甚不安。之二者,臣为大王无取焉。”荆王无以应。说虽未大行,田赞可谓能立其方矣。若夫偃息之义,则未之识也。

管子得于鲁,鲁束缚而槛之,使役人载而送之齐,其讴歌而引。管子恐鲁之止而杀己也,欲速至齐,因谓役人曰:“我为汝唱,汝为我和。”其所唱适宜走,役人不倦,而取道甚速,管子可谓能因矣。役人得其所欲,己亦得其所欲。以此术也,是用万乘之国,其霸犹少,桓公则难与往也。

不　广

六曰——

智者之举事必因时，时不可必成，其人事则不广，成亦可，不成亦可。以其所能托其所不能，若舟之与车。

北方有兽，名曰蹶，鼠前而兔后，趋则跲，走则颠，常为蛩蛩距虚取甘草以与之。蹶有患害也，蛩蛩距虚必负而走。此以其所能托其所不能。

鲍叔、管仲、召忽，三人相善，欲相与定齐国，以公子纠为必立。召忽曰："吾三人者于齐国也，譬之若鼎之有足，去一焉则不成。且小白则必不立矣，不若三人佐公子纠也。"管仲曰："不可。夫国人恶公子纠之母，以及公子纠；公子小白无母，而国人怜之。事未可知，不若令一人事公子小白。夫有齐国〔者〕必此二公子也。"故令鲍叔傅公子小白，管子、召忽居公子纠所。（公子纠）外物则固难必。虽然，管子之虑近之矣。若是而犹不全也，其天邪，人事则尽之矣。

齐攻廪丘。赵使孔青将死士而救之，与齐人战，大败之。齐将死。得车二千，得尸三万以为二京。宁越谓孔青曰："惜矣，不如归尸以内攻之。越闻之，古善战者，莎随贲服，却舍延尸，车甲尽于战，府库尽于葬。此之谓内攻之。"孔青曰："敌齐不尸则如何？"宁越曰："战而不胜，其罪一。与人出而不与人入，其罪二。与之尸而弗取，其罪三。民以此三者怨上，上无以使下，下无以事上。是之谓重攻之。"宁越可谓知用文武矣。用武则以力胜。用文则以德胜。文武尽胜，何敌之不服？

晋文公欲合诸侯。咎犯曰："不可。天下未知君之义也。"公曰："何若？"咎犯曰："天子避叔带之难，出居于郑。君奚不纳之，以定大义？且以树誉。"文公曰："吾其能乎？"咎犯曰："事若能成，继文之业,定武之功,辟土安疆,于此乎在矣。事若不成,补周室之阙,勤天子之难,成教垂名,于此乎在矣。君其勿疑。"文公听之,遂与草中之戎、骊土之翟,定天子于成周。于是天子赐之南阳之地,遂霸诸侯。举事义且利,以立大功。文公可谓智矣。此咎犯之谋也。出亡十(七)〔九〕年,反国四年而霸,其听皆如咎犯者邪!

管子、鲍叔佐齐桓公举事,齐之东鄙人有常致苦者。管子死,竖刁、易牙用,国之人常致不苦,不知致苦,卒为齐国良工,泽及子孙。知大礼,知大礼虽不知国可也。

贵　因

七曰——

三代所宝莫如因,因则无敌。禹通三江、五湖,决伊阙,沟回陆,注之东海,因水之力也。舜一徙成邑,再徙成都,三徙成国,而尧授之(禅)位,因人之心也。汤、武以千乘制夏、商,因民之欲也。如秦者立而至,有车也;适越者坐而至,有舟也。秦、越,远途也,静立安坐而至者,因其械也。

武王使人候殷,反报岐周曰:"殷其乱矣。"武王曰:"其乱焉至?"对曰:"谗慝胜良。"武王曰:"尚未也。"又(复)往,反报曰:"其乱加矣。"武王曰:"焉至?"对曰:"贤者出走矣。"武王曰:"尚未也。"又往,反报曰:"其乱甚矣。"武王曰:"焉至?"对曰:"百姓不敢诽怨矣。"武王曰:"嘻!"遽告太公。太公对曰:"谗慝胜良,命曰戮;贤者出走,命曰崩;百姓不敢诽怨,命曰刑胜。其乱至矣,不可以驾矣。"故选车三百,虎贲三千,朝要甲子之期,而纣为禽,则武王固知其无与为敌也。因其所用,何敌之有矣?

武王至鲔水。殷使胶鬲候周师,武王见之。胶鬲曰:"西伯将何之?无欺我也。"武王曰:"不子欺,将之殷也。"胶鬲曰:"朅至?"武王曰："将以甲子至殷郊，子以是报矣。"胶鬲行。天雨，日夜不休，武王疾行不辍。军师皆谏曰："卒病，请休之。"武王曰："吾已令胶鬲以甲子之期报其主矣。今甲子不至，是令胶鬲不信也。胶鬲不信也，其主必杀之。吾疾行以救胶鬲之死也。"武王果以甲子至殷郊。殷已先陈矣。至殷，因战，大克之。此武王之义也。人为人之所欲，已为人之所恶，先陈何益？适令武王不耕而获。

武王入殷，闻殷有长者，武王往见之，而问殷之所以亡。殷长者对曰："王欲知之，则请以日中为期。"武王与周公旦明日早要期，则弗得也。武王怪之。周公曰："吾已知之矣。此君子也，取不能其主，有以其恶告王，不忍为也。若夫期而不当，言而不信，此殷之所以亡也，已以此告王矣。"

夫审天者，察列星而知四时，因也。推历者，视月行而知晦朔，因也。禹之裸国，裸入衣出，因也。墨子见荆王，（锦）衣〔锦〕吹笙，因也。孔子道弥子瑕见釐夫人，因也。汤、武遭乱世，临苦民，扬其义，成其功，因也。故因则功，专则拙。因者无敌，国虽大，民虽众，何益？

察　今

八曰——

上胡不法先王之法，非不贤也，为其不可得而法。先王之法，经乎上世而来者也，人或益之，人或损之，胡可得而法？虽人弗损益，犹若不可得而法。（东）〔夷〕夏之命，古今之法，言异而典殊，故古之命多不通乎今之言者，今之法多不合乎古之法者。殊俗之民，有似于此。〔若舟车衣冠滋味声色之不同，〕其（所）为欲同，其所为欲异，口惽之命不愉，（若舟车衣冠滋味声色之不同，）人以自是，反以相诽，天下之学者多辩，言利辞倒，不求其实，务以相毁，以胜为故。先王之法，胡可得而法？虽可得，犹若不可法。凡先王之法，有要于时也，时不与法俱至。法虽今而至，犹若不可法。故择先王之成法，而法其所以为法。先王之所以为法者何也？先王之所以为法者人也。而己亦人也，故察己则可以知人，察今则可以知古；古今一也，人与我同耳。有道之士，贵以近知远，以今知古，以益所见，知所不见。故审堂下之阴，而知日月之行，阴阳之变；见瓶水之冰，而知天下之寒、鱼鳖之藏也；尝一脟肉，而知一镬之味、一鼎之调。

荆人欲袭宋，使人先表澭水。澭水暴益，荆人弗知，循表而夜涉，溺死者千有余人，军惊而坏都舍。向其先表之时可导也，今水已变而益多矣，荆人尚犹循表而导之，此其所以败也。今世之主，法先王之法也，有似于此。其时已与先王之法亏矣，而曰"此先王之法也"而法之以为治，岂不悲哉？故治国无法则乱，守法而弗变则悖，悖乱不可以持国。世易时移，变法宜矣。譬之若良医，病万变，药亦万变。病变而药不变，向之寿民，今为殇子矣。故凡举事必循法以动，变法者因时而化。若〔行之〕此论则无过务矣。

夫不敢议法者，众庶也；以死守〔法〕者，有司也；因时变法者，贤主也。是故有天下〔者〕七十一圣，其法皆不同，非务相反也，时势异也。故曰(良)剑期乎断，不期乎镆铘；(良)马期乎千里，不期乎骥骜。夫成功名者，此先王之千里也。楚人有涉江者，其剑自舟中坠于水，遽契其舟曰："是吾剑之所从坠。"舟止，从其所契者入水求之。舟已行矣，而剑不行，求剑若此，不亦惑乎？以(此)故法为其国与此同。时已徙矣，而法不徙，以此为治，岂不难哉？有过于江上者，见人方引婴儿而欲投之江中，婴儿啼，(人)问其故，曰："此其父善游。"其父虽善游，其子岂遽善游哉？〔以〕此任物，亦必悖矣。荆国之为政，有似于此。

卷十六　先识览第四

先　识

一曰——

凡国之亡也,有道者必先去,古今一也。地从于城,城从于民,民从于贤。故贤主得贤者而民得,民得而城得,城得而地得。夫地得岂必足行其地,(人)〔户〕说其民哉?得其要而已矣。

夏太史令终古〔见桀惑乱〕,出其图法,执而泣之。夏桀迷惑,暴乱愈甚,太史令终古乃出奔如商。汤喜而告诸侯曰:“夏王无道,暴虐百姓,穷其父兄,耻其功臣,轻其贤良,弃义听谗,众庶咸怨,守法之臣,自归于商。”

殷内史向挚见纣之愈乱迷惑也,于是载其图法,出亡之周。武王大说,以告诸侯曰:“商王大乱,沉于酒德,辟远箕子,爰近姑与息,妲己为政,赏罚无方,不用法式,杀三不辜,民大不服,守法之臣,出奔周国。”

晋太史屠黍见晋之乱也,见晋公之骄而无德义也,以其图法归周。周威公见而问焉,曰:“天下之国孰先亡?”对曰:“晋先亡。”威公问其故。对曰:“臣比在晋也,不敢直言。示晋公以天妖,日月星辰之行多(以)不当,曰:‘是何能为?’又示以人事多不义,百姓皆郁怨,曰:‘是何能伤?’又示以邻国不服,贤良不举,曰:‘是何能害?’如是,是不知〔所以存〕所以亡也,故臣曰晋先亡也。”居三年,晋果亡。威公又见屠黍而问焉,曰:“孰次之?”对曰:“中山次之。”威公问其故。对曰:“天生民而令有别。有别,人之义也,所异于禽兽麋鹿也,君臣上下之所以立也。中山之俗,以昼为夜,以夜继日,男女切倚,固无休息,〔淫昏〕康乐,歌谣好悲。其主弗知恶,此亡国之风也。臣故曰中山次之。”居二年,中山果亡。威公又见屠黍而问焉,曰:“孰次之?”屠黍不对。威公固问焉。对曰:“君次之。”威公乃惧。求国之长者,得义莳、田邑而礼之,得史驎、赵骈以为谏臣,去苛令三十九物,以告屠黍。对曰:“其尚终君之身乎!”〔威公问其故,对〕曰:“臣闻之:国之兴也,天遗之贤人与极言之士;国之亡也,天遗之乱人与善谀之士。”威公薨,肂,九月不得葬,周乃分为二。故有道者之言也,不可不重也。

周鼎著饕餮,有首无身,食人未咽,害及其身,以言报更也,为不善亦然。白圭之中山,中山之王欲留之,白圭固辞,乘舆而去;又之齐,齐王欲留之仕,又辞而去。人问其故。曰:“之二国者皆将亡。所学有五尽。何谓五尽?曰:莫之必则信尽矣,莫之誉则名尽矣,莫之爱则亲尽矣,行者无粮、居者无食则财尽矣,不能用人、又不能自用则功尽矣。国有此五者,无幸必亡。中山、齐皆当此。”若使中山之王与齐王,闻五尽而更之,则必不亡矣。其患不闻,虽闻之又不信。然则人主之务,在乎善听而已矣。夫五割而与赵,悉起〔军〕而距(军)〔燕〕乎济上,未有益也。是弃其所以存,而造其所以亡也。

观世

二曰——

天下虽有有道之士,国犹少。千里而有一士,比肩也;累世而有一圣人,继踵也。士与圣人之所自来,若此其难也,而治必待之,治奚由至?虽幸而有,未必知也,不知则与无贤同。此治世之所以短,而乱世之所以长也。故王者不四,霸者不六,亡国相望,囚主相及。得士则无此之患。此周之所封(四)〔国〕百余,服国八百余,今无存者矣,虽存皆尝亡矣。贤主知其若此也,故日慎一日,以终其世。譬之若登山,登山者,处已高矣,左右视,尚巍巍焉山在其上。贤者之所与处,有似于此。身已贤矣,行已高矣,左右视,尚尽贤于己。故周公旦曰:"不如吾者,吾不与处,累我者也;与我齐者,吾不与处,无益我者也。"惟贤者必与贤于己者处。贤者之可得与处也,礼之也。主贤世治,则贤者在上;主不肖世乱,则贤者在下。今周室既灭。天子既废,乱莫大于无天子,无天子则强者胜弱,众者暴寡,以兵相刬,不得休息,而佞进,今之世当之矣。故欲求有道之士,则于江河之上,山谷之中,僻远幽闲之所,若此则幸于得之矣。太公钓于滋泉,遭纣之世也,故文王得之。文王千乘也,纣天子也,天子失之,而千乘得之,知之与不知也。诸众齐民,不待知而使,不待礼而令;若夫有道之士,必礼必知,然后其智能可尽也。

晏子之晋,见反裘负刍息于涂者,以为君子也,使人问焉,曰:"曷为而至此?"对曰:"齐人累之,名为越石父。"晏子曰:"嘻!"遽解左骖以赎之,载而与归。至舍,弗辞而入。越石父怒,请绝。晏子使人应之曰:"婴未尝得交也,今免子于患,吾于子犹未〔可〕邪也?"越石父曰:"吾闻君子屈乎不己知者,而伸乎己知者,吾是以请绝也。"晏子乃出见之曰:"向也见客之容而已,今也见客之志。婴闻察实者不留声,观行者不讥辞。婴可以辞而无弃乎!"越石父曰:"夫子礼之,敢不敬从。"晏子遂以为客。俗人有功则德,德则骄;今晏子〔有〕功,免人于厄矣,而反屈下之,其去俗亦远矣。此令功之道也。

子列子穷,容貌有饥色。客有言之于郑子阳者,曰:"列御寇,盖有道之士也,居君之国而穷,君无乃为不好士乎?"郑子阳令官遗之粟数十秉。子列子出见使者,再拜而辞。使者去,子列子入,其妻望而拊心,曰:"闻为有道者妻子,皆得逸乐。今妻子有饥色矣,君过而遗先生食,先生又弗受也,岂非命也哉!"子列子笑而谓之曰:"君非自知我也,以人之言而遗我粟也,至(已而)〔其〕罪我也,有罪且以人言,此吾所以不受也。”其卒民果作难,杀子阳。受人之养,而不死其难则不义,死其难则死无道也。死无道,逆也。子列子除不义、去逆也,岂不远哉!且方有饥寒之患矣,而犹不苟取,先见其化也。先见其化而已动,(远)〔达〕乎性命之情也。

知　接

三曰——

人之目以照见之也,以瞑则(与)不见,〔其所以接见、所以接不见〕同,其所以为照、所以为瞑异。瞑(士)〔者〕未尝照,故未尝见,瞑者目无由接也。无由接而言见,谎。智亦然,其所以接智、所以接不智同,其所能接、所不能接异。智者其所能接远也,愚者其所能接近也。所能接近而告之以远化,奚由相得?无由相得,说者虽工,不能喻矣。戎人见暴布者而问之曰:“何以为之莽莽也?”指麻而示之。怒曰:“孰之壤壤也,可以为之莽莽也?”故亡国非无智士也,非无贤者也,其主无由接故也。无由接之患,自以为智,智必不接。今不接而自以为智,悖。若此则国无以存矣,主无以安矣。智无以接而自知弗智,则不闻亡国,不闻危君。

管仲有疾。桓公往问之曰:“仲父之疾病矣,将何以教寡人?”管仲曰:“齐鄙人有谚曰:‘居者无载,行者无埋。’今臣将有远行,胡可以问?”桓公曰:“愿仲父之无让也。”管仲对曰:“愿君之远易牙、竖刀、常之巫、卫公子启方。”公曰:“易牙烹其子以慊寡人,犹尚可疑邪?”管仲对曰:“人之情,非不爱其子也。其子之忍,又将何有于君?”公又曰:“竖刀自宫以近寡人,犹尚可疑耶?”管仲对曰:“人之情,非不爱其身也。其身之忍,又将何有于君?”公又曰:“常之巫审于死生,能去苛病,犹尚可疑邪?”管仲对曰:“死生命也,苛病失也。君不任其命、守其本,而恃常之巫,彼将以此无不为也。”公又曰:“卫公子启方事寡人十五年矣，其父死而不敢归哭，犹尚可疑邪？”管仲对曰：“人之情，非不爱其父也。其父之忍，又将何有于君？”公曰：“诺。”管仲死，尽逐之。食不甘，宫不治，苛病起，朝不肃。居三年，公曰：“仲父不亦过乎？孰谓仲父尽之乎？”于是皆复召而反。明年，公有病，常之巫从中出曰：“公将以某日薨。”易牙、竖刀、常之巫相与作乱，塞宫门，筑高墙，不通人，矫以公令。有一妇人逾垣入，至公所。公曰：“我欲食。”妇人曰：“吾无所得。”公又曰：“我欲饮。”妇人曰：“吾无所得。”公曰：“何故？”对曰：“常之巫从中出曰：‘公将以某日薨。’易牙、竖刀、常之巫相与作乱，塞宫门，筑高墙，不通人，故无所得。卫公子启方以书社四十下卫。”公慨焉叹涕出曰：“嗟乎！圣人之所见，岂不远哉？若死者有知，我将何面目以见仲父乎？”蒙衣袂而绝乎寿宫。虫流出于户，上盖以杨门之扇，三月不葬。此不卒听管仲之言也。桓公非轻难而恶管子也，无由接见也。无由接，固却其忠言，而爱其所尊贵也。

悔　过

四曰——

穴深寻则人之臂必不能极矣，是何也？不至故也。智亦有所不至。〔智〕所不至，说者虽辩，为道虽精，不能见矣。故箕子穷于商，范蠡流乎江。

昔秦缪公兴师以袭郑，蹇叔谏曰：“不可。臣闻之，袭国邑，以车不过百里，以人不过三十里，皆以其气之趫与力之盛，至，是以犯敌能灭，去之能速。今行数千里、又绝诸侯之地以袭国，臣不知其可也。君其重图之。”缪公不听也。蹇叔送师于门外而哭曰：“师乎！见其出而不见其入也。”蹇叔有子曰申与视，与师偕行。蹇叔谓其子曰：“晋若遏师必于殽。女死不于南方之岸，必于北方之岸，为吾尸女之易。"缪公闻之,使人让蹇叔曰:"寡人兴师,未知何如?今哭而送之,是哭吾师也。"蹇叔对曰:"臣不敢哭师也。臣老矣,有子二人,皆与师行,比其反也,非彼死则臣必死矣,是故哭。"师行过周,王孙满要门而窥之,曰:"呜呼!是师必有疵。若无疵,吾不复言道矣。夫秦非他,周室之建国也。过天子之城,宜橐甲束兵,左右皆下,以为天子礼。今袀服回建,左不轼,而右之超乘者五百乘,力则多矣,然而寡礼,安得无疵?"师过周而东。郑贾人弦高、奚施将西市于周,道遇秦师,曰:"嘻!师所从来者远矣,此必袭郑。"遽使奚施归告,乃矫郑伯之命以劳之,曰:"寡君固闻大国之将至久矣。大国不至,寡君与士卒窃为大国忧,日无所与焉,惟恐士卒罢弊与糗粮匮乏。何其久也,使人臣犒劳以璧,膳以十二牛。"秦三帅对曰:"寡君之无使也,使其三臣丙也、术也、视也于东边候晤之道,过是,以迷惑陷入大国之地。"不敢固辞,再拜稽首受之。三帅乃惧而谋曰:"我行数千里,数绝诸侯之地以袭人,未至而人已先知之矣,此其备必已盛矣。"还师去之。当是时也,晋文公适薨,未葬。先轸言于襄公,曰:"秦师不可不击也,臣请击之。"襄公曰:"先君薨,尸在堂,见秦师利而因击之,无乃非为人子之道欤?"先轸曰:"不吊吾丧,不忧吾哀,是死吾君而弱其孤也。若是而击,可大强。臣请击之。"襄公不得已而许之。先轸遏秦师于殽而击之,大败之,获其三帅以归。缪公闻之,素服庙临,以说于众曰:"天不为秦国,使寡人不用蹇叔之谏,以至于此患。"此缪公非欲败于殽也,智不至也,智不至则不信。言之不信,师之不反也从此生,故不至之为害大矣。

乐　成

五曰——

大智不形,大器晚成,大音希声。

禹之决江水也，民聚瓦砾。事已成，功已立，为万世利。禹之所见者远也，而民莫之知，故民不可与虑化举始，而可以乐成功。

孔子始用于鲁。鲁人鹥诵之曰："麛裘而韠，投之无戾；韠而麛裘，投之无邮。"用三年，男子行乎涂右，女子行乎涂左，财物之遗者，民莫之举。大智之用，固难逾也。子产始治郑，使田有封洫，都鄙有服。民相与诵之曰："我有田畴，而子产赋之。我有衣冠，而子产贮之。孰杀子产，吾其与之。"后三年，民又诵之曰："我有田畴，而子产殖之。我有子弟，而子产诲之。子产若死，其使谁嗣之？"使郑简、鲁(哀)〔定〕当民之诽訾也而因弗遂用，则国必无功矣，子产、孔子必无能矣。非徒不能也，虽罪施，于民可也。今世皆称简公、(哀)〔定〕公为贤，称子产、孔子为能，此二君者，达乎任人也。

舟车之始见也，三世然后安之。夫开善岂易哉？故听无事治。(事)治之立也，人主贤也。魏攻中山，乐羊将，已得中山，还反报文侯，有贵功之色。文侯知之，命主书曰："群臣宾客所献书者，操以进之。"主书举两箧以进。令将军视之，书尽难攻中山之事也。将军还走，北面再拜曰："中山之举，非臣之力，君之功也。"当此时也，论士(殆之日)〔已〕幾矣，中山之不取也，奚宜二箧哉？一寸而亡矣。文侯贤主也，而犹若此，又况于中主邪？中主之患，不能勿为，而不可与莫为。凡举无易之事，气志视听动作无非是者，人臣且孰敢以非是邪疑为哉？皆一于为，则无败事矣。此汤、武之所以大立功于夏、商，而句践之所以能报其仇也。以小弱皆一于为而犹若此，又况于以强大乎？

魏襄王与群臣饮，酒酣，王为群臣祝，令群臣皆得志。史起兴而对曰："群臣或贤或不肖，贤者得志则可，不肖者得志则不可。"王曰："皆如西门豹之为人臣也。"史起对曰："魏氏之行田也以百亩，邺独二百亩，是田恶也。漳水在其旁而西门豹弗知用，是其愚也。知而弗言，是不忠也。愚与不忠，不可效也。"魏王无以应之。明日，召史起而问焉，曰："漳水犹可以灌邺田乎？"史起对曰："可。"王曰："子何不为寡人为之？"史起曰："臣恐王之不能为也。"王曰："子诚能为寡人为之，寡人尽听子矣。"史起敬诺，言之于王曰："臣为之，民必大怨臣。大者死，其次乃藉臣。臣虽死藉，愿王之使他人遂之也。"王曰："诺。"使之为邺令。史起因往为之。邺民大怨，欲藉史起，史起不敢出而避之。王乃使他人遂为之。水已行，民大得其利，相与歌之曰："邺有圣令，时为史公，决漳水，灌邺旁，终古斥卤，生之稻粱。"使民知可与不可，则无所用矣。贤主忠臣，不能导愚教陋，则名不冠后、实不及世矣。史起非不知化也，以忠于主也。魏襄王可谓能决善矣。诚能决善，众虽喧哗而弗为变。功之难立也，其必由哅哅邪。国之残亡，亦犹此也。故哅哅之中，不可不味也。中主以之哅哅也止善，贤主以之哅哅也立功。

察 微

六曰——

使治乱存亡若高山之与深谿，若白垩之与黑漆，则无所用智，虽愚犹可矣。且治乱存亡则不然，如可知、如可不知，如可见、如可不见。故智士贤者相与积心愁虑以求之，犹尚有管叔、蔡叔之事与东夷八国不听之谋。故治乱存亡，其始若秋毫。察其秋毫，则大物不过矣。

鲁国之法，鲁人为人臣妾于诸侯、有能赎之者，取其金于府。子贡赎鲁人于诸侯，来而让不取其金。孔子曰："赐失之矣。自今以往，鲁人不赎人矣。取其金则无损于行，不取其金则不复赎人矣。"子路拯溺者，其人拜之以牛，子路受之。孔子曰："鲁人必拯溺者矣。"孔子见之以细，观化远也。

楚之边邑曰卑梁，其处女与吴之边邑处女桑于境上，戏而伤卑梁之处女。卑梁人操其伤子以让吴人，吴人应之不恭，怒杀而去之。吴人往报之，尽屠其家。卑梁公怒，曰："吴人焉敢攻吾邑？"举兵反攻之，老弱尽杀之矣。吴王夷昧闻之怒，使人举兵侵楚之边邑，克夷而后去之。吴、楚以此大隆。吴公子光又率师与楚人战于鸡父，大败楚人，获其帅潘子臣、小惟子、陈夏啮，又反伐郢，得荆平王之夫人以归，实为鸡父之战。凡持国，太上知始，其次知终，其次知中。三者不能，国必危，身必穷。《孝经》曰："高而不危，所以长守贵也；满而不溢，所以长守富也。富贵不离其身，然后能保其社稷，而和其民人。"楚不能之也。

郑公子归生率师伐宋。宋华元率师应之大棘，羊斟御。明日将战，华元杀羊飨士，羊斟不与焉。明日战，怒谓华元曰："昨日之事，子为制；今日之事，我为制。"遂驱入于郑师。宋师败绩，华元虏。夫弩机差以米则不发。战，大机也。飨士而忘其御也，将以此败而为虏，岂不宜哉？故凡战必悉熟偏备，知彼知己，然后可也。

鲁季氏与郈氏斗鸡。郈氏介其鸡，季氏为之金距。季氏之鸡不胜。季平子怒，因（归）〔侵〕郈氏之宫而益其宅。郈昭伯怒，伤之于昭公，曰："禘于襄公之庙也，舞者二（人）〔八〕而已，其余尽舞于季氏。季氏之舞道，无上久矣，弗诛必危社稷。"公怒不审，乃使郈昭伯将师徒以攻季氏，遂入其宫。仲孙氏、叔孙氏相与谋曰："无季氏，则吾族也死亡无日矣。"遂起甲以往，陷西北隅以入之，三家为一，郈昭伯不胜而死。昭公惧，遂出奔齐，卒于乾侯。鲁昭听伤而不辩其义，惧以鲁国不胜季氏，而不知仲、叔氏之恐而与季氏同患也，是不达乎人心也。不达乎人心，位虽尊，何益于安也？以鲁国恐不胜一季氏，况于三季？同恶固相助。权物若此其过也。非独仲、叔氏也，鲁国皆恐。鲁国皆恐，则是与一国为敌也，其得至乾侯而卒犹远。

去宥

七曰——

东方之墨者谢子将西见秦惠王。惠王问秦之墨者唐姑果。唐姑果恐王之(亲)〔视〕谢子贤于已也,对曰:“谢子,东方之辩士也,其为人甚险,将奋于说以取少主也。”王因藏怒以待之。谢子至,说王,王弗听。谢子不说,遂辞而行。凡听言,以求善也。所言苟善,虽奋于〔说以〕取少主,何损?所言不善,虽不奋于〔说以〕取少主,何益?不以善为之悫,而徒以取少主为之悖,惠王失所以为听矣。用志若是,见客虽劳,耳目虽弊,犹不得所谓也。此史定所以得行其邪也,此史定所以得饰鬼以人,罪杀不辜,群臣扰乱,国几大危也。人之老也,形益衰,而智益盛。今惠王之老也,形与智皆衰邪?

荆威王学书于沈尹华,昭釐恶之。威王好制。有中谢佐制者,为昭釐谓威王曰:“国人皆曰:王乃沈尹华之弟子也。”王不悦,因疏沈尹华。中谢,细人也,一言而令威王不闻先王之术,文学之士不得进,令昭釐得行其私。故细人之言,不可不察也。且数怒人主,以为奸人除路;奸路已除而恶壅却,岂不难哉?夫激矢则远,激水则旱,激主则悖,悖则无君子矣。夫不可激者,其唯先有度。

(邻父)有与人邻者,有枯梧树。其邻之父,言〔枯〕梧树之不善也。(邻)〔其〕人遽伐之。邻父因请而以为薪。其人不说曰:“邻者若此其险也,岂可为之邻哉?”此有所宥也。夫请以为薪与弗请,此不可以疑枯梧树之善与不善也。齐人有欲得金者,清旦,被衣冠,往鬻金者之所,见人操金,攫而夺之。吏搏而束缚之,问曰:“人皆在焉,子攫人之金,何故?”对(吏)曰:“殊不见人,徒见金耳。”此真大有所宥也。夫人有所宥者,固以昼为昏,以白为黑,以尧为桀,宥之为败亦大矣。亡国之主,其皆甚有所宥邪?故凡人必别宥然后知,别宥则能全其天矣。

正　名

八曰——

名正则治，名丧则乱。使名丧者，淫说也。说淫则可不可而然不然，是不是而非不非。故君子之说也，足以言贤者之实、不肖者之充而已矣，足以喻治之所悖、乱之所由起而已矣，足以知物之情、人之所获以生而已矣。

凡乱者，刑名不当也。人主虽不肖，犹若用贤，犹若听善，犹若为可者。其患在乎所谓贤、从不肖也，所为善、(而)从邪辟〔也〕，所谓可、从悖逆也，是刑名异充而声实异谓也。夫贤不肖、善邪辟、可悖逆，国不乱、身不危奚待也？齐湣王是以知说士，而不知所谓士也。故尹文问其故，而王无以应，此公玉丹之所以见信而卓齿之所以见任也。任卓齿而信公玉丹，岂非以自仇邪？

尹文见齐王。齐王谓尹文曰："寡人甚好士。"尹文曰："愿闻何谓士？"王未有以应。尹文曰："今有人于此，事亲则孝，事君则忠，交友则信，居乡则悌，有此四行者，可谓士乎？"齐王曰："此真所谓士已。"尹文曰："王得若人，肯以为臣乎？"王曰："所愿而不能得也。"尹文曰："使若人于庙朝中，深见侮而不斗，王将以为臣乎？"王曰："否。(大)夫〔士〕见侮而不斗，则是辱也。辱则寡人弗以为臣矣。"尹文曰："虽见侮而不斗，未失其四行也。未失其四行者，是未失其所以为士(一)矣。未失其所以为士(一)，而王〔一〕以为臣，(失其所以为士一，而王)〔一〕不以为臣，则向之所谓士者乃〔非〕士乎？"王无以应。尹文曰："今有人于此，将治其国，民有非则非之，民无非则〔亦〕非之，民有罪则罚之，民无罪则〔亦〕罚之，而恶民之难治可乎？"王曰："不可。"尹文曰："窃观下吏之治齐也，方若此也。"王曰：

“使寡人治〔国〕信若是,则民虽不治,寡人弗怨也。意者未至然乎。”尹文曰:“言之不敢无说,请言其说。王之令曰:‘杀人者死,伤人者刑。’民有畏王之令,深见侮而不敢斗者,是全王之令也,而王曰‘见侮而不敢斗,是辱也’。夫谓之辱者,非(此)之(谓)也,〔此无非而王非之也,因除其籍,不〕以为臣。不以为臣者,(罪)〔罚〕之也,此无罪而王罚之也。”齐王无以应。论皆若此,故国残身危,走而之穀,如卫。齐湣王,周室之孟侯也。太公之所老也。桓公尝以此霸矣,管仲之辩名实审也。

卷十七　审分览第五

审　分

一曰——

凡人主必审分，然后治可以至。奸伪邪辟之途可以息，恶气苛疾无自至。夫治身与治国，一理之术也。今以众地者，公作则迟，有所匿其力也；分地则速，无所匿迟也。主亦有地，臣主同地，则臣有所匿其邪矣，主无所避其累矣。

凡为善难，任善易。奚以知之？人与骥俱走，则人不胜骥矣；居于车上而任骥，则骥不胜人矣。人主好治人官之事，则是与骥俱走也，必多所不及矣。夫人主亦有居车；无去车，则众善皆尽力竭能矣，谄谀诐贼巧佞之人无所窜其奸矣，坚穷廉直忠敦之士毕竞劝骋骛矣。人主之车，所以乘物也。察乘物之理，则四极可有。不知乘物而自怙恃，(夺)〔奋〕其智能，多其教诏，而好自以；若此则百官恫扰，少长相越，万邪并起，权威分移，不可以卒，不可以教，此亡国之风也。

王良之所以使马者，约审之以控其辔，而四马莫敢不尽力。有道之主，其所以使群臣者亦有辔。其辔何如？正名审分，是治之辔已。故按其实而审其名，以求其情；听其言而察其类，无使放悖。夫名多不当其实、而事多不当其用者，故人主不可以不审名分也。不审名分，是恶壅而愈塞也。壅塞之任，不在臣下，在于人主。尧、舜之臣不独义，汤、禹之臣不独忠，得其数也；桀、纣之臣不独鄙，幽、厉之臣不独辟，失其理也。

今有人于此,求牛则名马,求马则名牛,所求必不得矣;而因用威怒,有司必诽怨矣,牛马必扰乱矣。百官,众有司也;万物,群牛马也。不正其名,不分其职,而数用刑罚,乱莫大焉。夫说以智通,而实以(过)〔愚〕悗;誉以高贤,而充以卑下;赞以洁白,而随以污(德)〔漫〕;任以公法,而处以贪枉;用以勇敢,而堙以罢怯;此五者,皆以牛为马,以马为牛,名不正也。故名不正,则人主忧劳勤苦,而官职烦乱悖逆矣。国之亡也,名之伤也,从此生矣。白之顾益黑、求之愈不得者,其此义邪!故至治之务,在于正名,名正则人主不忧劳矣。不忧劳则不伤其耳目之(主)〔生〕。问而不诏,知而不为,和而不矜,成而不处。止者不行,行者不止,因形而任之,不制于物,无肯为使,清静以公,神通乎六合,德耀乎海外,意观乎无穷,誉流乎无止,此之谓定性于大湫,命之曰无有。故得道忘人,乃大得人也,夫其非道也;知德忘知,乃大得知也,夫其非德也;至知不几,静乃明几也,夫其不明也;大明不小事,假乃理事也,夫其不假也;莫人不能,全乃备能也,夫其不全也。是故于全乎去能,于假乎去事,于知乎去几,所知者妙矣。若此则能顺其天,意气得游乎寂寞之宇矣,形性得安乎自然之所矣。全乎万物而不宰,泽被天下而莫知其所自姓,虽不备五者,其好之者是也。

君守

二曰——

得道者必静。静者无知,知乃无知,可以言君道也。故曰中欲不出谓之扃,外欲不入谓之闭。既扃而又闭:天之用密,有准不以平,有绳不以正;天之大静,既静而又宁,可以为天下正。身以盛心,心以盛智,智乎深藏,而实莫得窥乎。《鸿范》曰:“惟天阴骘下民。”阴之者,所以发之也。故曰不出于户而知天下,不窥于牖而知天道。

其出弥远者，其知弥少，故博闻之人、强识之士阙矣，事耳目、深思虑之务败矣，坚白之察、无厚之辩外矣。不出者，所以出之也；不为者，所以为之也。此之谓以阳召（阳）〔阴〕，以阴召（阴）〔阳〕。东海之极，水至而反；夏热之下，化而为寒。故（曰）〔昊〕天无形，而万物以成；至精无（象）〔为〕，而万物以化；大圣无事，而千官尽能。此（乃）〔之〕谓不教之教，无言之诏。故有以知君之狂也，以其言之当也；有以知君之惑也，以其言之得也。君也者，以无当为当，以无得为得者也。当与得不在于君，而在于臣。故善为君者无识，其次无事。有识则有不备矣，有事则有不恢矣。不备不恢，此官之所以疑，而邪之所从来也。今之为车者，数官然后成。夫国岂特为车哉？众智众能之所持也，不可以一物一方安（车）也。

夫一能应万、无方而（出）〔持〕之（务）者，唯有道者能之。鲁鄙人遗宋元王闭，元王号令于国，有巧者皆来解闭。人莫之能解。儿说之弟子请往解之，乃（能）解其一，不（能）解其一，且曰："非可解而我不能解也，固不可解也。"问之鲁鄙人。鄙人曰："然，固不可解也，我为之而知其不可解也。今不为而知其不可解也，是巧于我。"故如儿说之弟子者，以"不解"解之也。郑大师文终日鼓瑟而兴，再拜其瑟前曰："我效于子，效于不穷也。"故若大师文者，以其兽者先之，所以中之也。故思虑自（心）伤也，智差自亡也，奋能自殃（其）〔也〕，有处自狂也。故至神逍遥倏忽而不见其容，至圣变习移俗而莫知其所从，离世别群而无不同，君（民）〔名〕孤寡而不可障壅，此则奸邪之情得而险陂谗慝谄谀巧佞之人无由入。凡奸邪险陂之人，必有因也。何因哉？因主之为。人主好以己为，则守职者舍职而阿主之为矣。阿主之为，有过则主无以责之，则人主日侵而人臣日得。是宜动者静，宜静者动也；尊之为卑，卑之为尊，从此生矣。此国之所以衰而敌之所以攻之者也。

奚仲作车，苍颉作书，后稷作稼，皋陶作刑，昆吾作陶，夏鲧作城,此六人者所作当矣,然而非主道者,故曰作者(忧)〔扰〕,因者平。惟彼君道,得命之情,故任天下而不强,此之谓全人。

任 数

三曰——

凡官者,以治为任,以乱为罪。今乱而无责,则乱愈长矣。人主以好暴示能,以好唱自奋,人臣以不争持位,以听从取容,是君代有司为有司也,是臣得后随以进其业〔也〕。君臣不定,耳虽闻不可以听,目虽见不可以视,心虽知不可以举,势使之也。凡耳之闻也藉于静,目之见也藉于昭,心之知也藉于理。君臣易操,则上之三官者废矣。亡国之主,其耳非不可以闻也,其目非不可以见也,其心非不可以知也,君臣扰乱,上下不分别,虽闻曷闻,虽见曷见,虽知曷知,驰骋而因耳矣,此愚者之所不至也。不至则不知,不知则不信。无骨者不可令知冰。有土之君,能察此言也,则灾无由至矣。

且夫耳目知巧,固不足恃,惟脩其数,行其理为可。韩昭釐侯视所以祠庙之牲,其豕小,昭釐侯令官更之。官以是豕来也,昭釐侯曰:“是非向者之豕邪?”官无以对。命吏罪之。从者曰:“君王何以知之?”君曰:“吾以其耳也。”申不害闻之,曰:“何以知其聋?以其耳之聪也。何以知其盲?以其目之明也。何以知其狂?以其言之当也。故曰去听无以闻则聪,去视无以见则明,去智无以知则公。(去)三者不任则治,三者任则乱。”以(此)言耳目心智之不足恃也。耳目心智,其所以知识甚阙,其所以闻见甚浅,以浅阙博(居)天下、安殊俗、治万民,其说固不行,十里之间而耳不能闻,帷墙之外而目不能见,三亩之宫而心不能知。其以东至开梧、南抚多颗、西服寿靡、北怀儋耳,若之何哉?故君人者,不可不察此言也。治乱安危存亡,其道固无二也。故至智弃智,至仁忘仁,至德不德,无言无思,静以待时，时至而应，心暇者胜。凡应之理，清净公素，而正（始卒）〔卒始〕；焉此治纪，无唱有和，无先有随。古之王者，其所为少，其所因多。因者，君术也；为者，臣道也。为则扰矣，因则静矣。因冬为寒，因夏为暑，君奚事哉？故曰君道无知无为，而贤于有知有为，则得之矣。

有司请事于齐桓公。桓公曰："以告仲父。"有司又请。公曰"告仲父"，若是〔者〕三。习者曰："一则仲父，二则仲父，易哉为君！"桓公曰："吾未得仲父则难，已得仲父之后，曷为其不易也？"桓公得管子，事犹大易，又况于得道术乎？

孔子穷乎陈、蔡之间，藜羹不（斟）〔糁〕，七日不尝粒，昼寝。颜回索米，得而爨之，几熟，孔子望见颜回攫其甑中而食之。〔孔子佯为不见之。〕选间，食熟，谒孔子而进食。（孔子佯为不见之。）孔子起曰："今者梦见先君，（食洁）〔馈〕而后馈。"颜回对曰："不可。向者煤室入甑中，弃食不祥，回攫而饭之。"孔子叹曰："所信者目也，而目犹不可信；所恃者心也，而心犹不足恃。弟子记之，知人固不易矣。"故知非难也，（孔子之）所以知人难也。

勿躬

四曰——

人之意苟善，虽不知可以为长。故李子曰："非狗则不得兔，兔化而狗，则不为兔。"人君而好为人官，有似于此。其臣蔽之，人时禁之，君自蔽则莫之敢禁。夫自为人官，自蔽之精者也。祓篲日用而不藏于箧，故用则衰，动则暗，作则倦。衰、暗、倦三者非君道也。

大桡作甲子，黔如作虏首，容成作历，羲和作占日，尚仪作占月，后益作占岁，胡曹作衣，夷羿作弓，祝融作市，仪狄作酒，高元作室，虞姁作舟，伯益作井，赤冀作臼，乘雅作驾，寒哀作御，王冰作服牛，史皇作图,巫彭作医,巫咸作筮,此二十官者,圣人之所以治天下也。圣王不能二十官之事,然而使二十官尽其巧、毕其能,圣王在上故也。圣王之所不能也、所以能之也,所不知也、所以知之也。养其神,修其德而化矣,岂必劳形愁〔虑〕弊耳目哉?是故圣王之德,融乎若日之始出,极烛六合而无所穷屈;昭乎若日之光,变化万物而无所不行。神合乎太一,生无所屈,而意不可障;精通乎鬼神,深微玄妙,而莫见其形。今日南面,百邪自正,而天下皆反其情,黔首毕乐其志,安育其性,而莫为不成。故善为君者,矜服性命之情,而百官已治矣,黔首已亲矣,名号已章矣。

管子复于桓公,曰:"垦田大邑,辟土艺粟,尽地力之利,臣不若宁遬,请置以为大田。登降辞让,进退闲习,臣不若隰朋,请置以为大行。蚤入晏出,犯君颜色,进谏必忠,不辟死亡,不重贵富,臣不若东郭牙,请置以为大谏臣。平原广(城)〔域〕,车不结轨,士不旋踵,鼓之,三军之士,视死如归,臣不若王子城父,请置以为大司马。决狱折中,不杀不辜,不诬无罪,臣不若弦章,请置以为大理。君若欲治国强兵,则五子者足矣;君欲霸王,则夷吾在此。"桓公曰:"善。"令五子皆任其事,以受令于管子。十年,九合诸侯,一匡天下,皆夷吾与五子之能也。管子,人臣也,不任己之不能,而以尽五子之能,况于人主乎?人主知能、不能之可以君民也,则幽诡愚险之言〔不入于朝,有职者〕无不职矣,百官有司(之事)毕力竭智矣。五帝三(皇)〔王〕之君民也,下固不过毕力竭智也。夫君人而知无恃其能、勇、力、诚、信,则近之矣。凡君也者,处平静、任德化以听其要,若此则形性弥羸,而耳目愈精;百官慎职,而莫敢愉(綖)〔綖〕;人事其事,以充其名。名实相保,之谓知道。

知　度

五曰——

明君者，非遍见万物也，明于人主之所执也。有术之主者，非一自行之也，知百官之要也。知百官之要，故事省而国治也。明于人主之所执，故权专而奸止。奸止则说者不来，而情谕矣；情者不饰，而事实见矣。此谓之至治。

至治之世，其民不好空言虚辞，不好淫学流说，贤不肖各反其质。行其情，不雕其素；蒙厚纯朴，以事其上。若此则工拙愚智勇惧可得以故易官，易官则各当其任矣。故有职者安其职，不听其议；无职者责其实，以验其辞。此二者审，则无用之言不入于朝矣。君服性命之情，去爱恶之心，用虚无为本，以听有用之言谓之朝。凡朝也者，相与召理义也，相与植法则也。上服性命之情，则理义之士至矣，法则之用植矣，枉辟邪挠之人退矣，贪得伪诈之曹远矣。故治天下之要，存乎除奸；除奸之要，存乎治官；治官之要，存乎治道；治道之要，存乎知性命。故子华子曰："厚而不博，敬守一事，正性是喜。群众不周，而务成一能。尽能既成，四夷乃平。唯彼天符，不周而周。此神农之所以长，而尧、舜之所以章也。"

人主自智而愚人，自巧而拙人，若此则愚拙者请矣，巧智者诏矣。诏多则请者愈多矣，请者愈多，且无不请也。主虽巧智，未无不知也。以未无不知，应无不请，其道固穷。为人主而数穷于其下，将何以君人乎？穷而不知其穷，其患又将反以自多，是之谓重塞。〔重塞〕之主，无存国矣。故有道之主，因而不为，责而不诏，去想去意，静虚以待，不伐之言，不夺之事，督名审实，官使自司，以不知为道，以奈何为(实)〔宝〕。尧曰"若何而为及日月之所烛"？舜曰"若何而服四荒之外"？禹曰"若何而治青(北)〔丘〕、(化)九阳、奇(怪)

〔肱〕之(所)际”?

赵襄子之时,以任登为中牟令,上计,言于襄子曰:“中牟有士曰〔中〕(胆)〔瞻〕、胥己,请见之。”襄子见而以为中大夫。相国曰:“意者君耳而未之目邪?为中大夫若此其见也,非晋国之故。”襄子曰:“吾举登也,已耳而目之矣。登所举,吾又耳而目之,是耳目人终无已也。”遂不复问,而以为中大夫。襄子何为任人,则贤者毕力。

人主之患,必在任人而不能用之,用之而与不知者议之也。绝江者托于船,致远者托于骥,霸王者托于贤。伊尹、吕尚,管夷吾、百里奚,此霸王(者)之船骥也。释父兄与子弟,非疏之也;任庖人钓者与仇人仆虏,非阿之也;持社稷立功名之道,不得不然也。犹大匠之为宫室也,量小大而知材木矣,訾功丈而知人数矣。故小臣、吕尚听,而天下知殷、周之王也;管夷吾、百里奚听,而天下知齐、秦之霸也;岂特〔船〕骥〔之绝江致〕远哉?

夫成王霸者固有人,亡国者亦有人。桀用(羊)〔干〕辛,纣用恶来,宋用(驮唐)〔唐鞅〕,齐用苏秦,而天下知其亡。非其人而欲有功,譬之若夏至之日而欲夜之长也,射鱼指天而欲发之当也,舜、禹犹若困,而况俗主乎?

慎势

六曰——

失之乎数,求之乎信,疑。失之乎势,求之乎国,危。吞舟之鱼,陆处则不胜蝼蚁。权钧则不能相使,势等则不能相并,治乱齐则不能相正,故小大、轻重、少多、治乱不可不察,此祸福之门也。

凡冠带之国,舟车之所通,不用象译狄鞮,方三千里。古之王者,择天下之中而立国,择国之中而立宫,择宫之中而立庙。天下之地,方千里以为国,所以极治任也。非不能大也,其大不若小,其多不若少。众封建,非以私贤也,所以便势,〔所以〕全威,所以博义。义博、〔威全、势便〕(利)则无敌。无敌者安。故观于上世,其封建众者,其福长,其名彰。神农十七世有天下,与天下同之也。

王者之封建也,弥近弥大,弥远弥小,海上有十里之诸侯。以大使小,以重使轻,以众使寡,此王者之所以家,〔而国之所)以完也。故曰,以滕、费则劳,以邹、鲁则逸,以宋、郑则犹倍日而驰也,以齐、楚则举(而加)纲〔加〕旃而已矣。所用弥大,所欲弥易。

汤其无郼,武其无岐,贤虽十全,不能成功。汤、武之贤,而犹藉(知)〔资〕乎势,又况不及汤、武者乎?故以大畜小吉,以小畜大灭,以重使轻从,以轻使重凶。自此观之,夫欲定一世,安黔首之命,功名著乎槃盂,铭篆著乎壶鉴,其势不厌尊,其实不厌多。多实尊势,贤士制之,以遇乱世,王犹尚少。天下之民,穷矣苦矣。民之穷苦弥甚,王者之〔王〕弥易。凡王也者,穷苦之救也。水用舟,陆用车,涂用輴,沙用鸠,山用樏,因其势也。〔因势〕者令行。

位尊者其教受,威立者其奸止,此畜人之道也。故以万乘令乎千乘易,以千乘令乎一家易,以一家令乎一人易。尝(识及)〔试反〕此,虽尧、舜不能。诸侯不欲臣于人,而不得已,其势不便,则奚以易臣?权轻重,审大小,多建封,所以便其势也。(王也者,势也;)王也者,势无敌也。势有敌则王者废矣。有知小之愈于大,少之贤于多者,则知无敌矣。知无敌则似类嫌疑之道远矣。故先王之法,立天子不使诸侯疑焉,立诸侯不使大夫疑焉,立適子不使庶孽疑焉。疑生争,争生乱。是故诸侯失位则天下乱,大夫无等则朝廷乱,妻妾不分则家室乱,適孽无别则宗族乱。慎子曰:“今一兔走,百人逐之。非一兔足为百人分也,由未定。由未定,尧且屈力,而况众人乎?积兔满市,行者不顾。非不欲兔也,分已定矣。分已定,人虽鄙不争。故治天下及国,在乎定分而已矣。”

庄王围宋九月,康王围宋五月,声王围宋十月。楚三围宋矣而不能亡,非不可亡也,以宋〔攻宋,以楚〕攻楚,奚时止矣?凡功之立也,贤不肖强弱治乱异也。

齐简公有臣曰诸御鞅,谏于简公曰:“陈(成)常与宰予,之二臣者甚相憎也,臣恐其相攻也。相攻唯固则危上矣。愿君之去一人也。”简公曰:“非而细人所能识也。”居无几何,陈(成)常果攻宰予于庭,即简公于庙。简公喟焉太息曰:“余不能用鞅之言,以至此患也。”失其数,无其势,虽悔无听鞅也与无悔同,是不知恃可恃而恃不恃也。周鼎著象,为其理之通也。理通,君道也。

不 二

七曰——

听群众(人)〔之〕议以治国,国危无日矣。何以知其然也?老耽贵柔,孔子贵仁,墨翟贵廉,关尹贵清,子列子贵虚,陈骈贵齐,阳生贵己,孙膑贵势,王廖贵先,儿良贵后。有金鼓所以一耳也;同法令所以一心也;智者不得巧,愚者不得拙,所以一众也;勇者不得先,惧者不得后,所以一力也。故一则治,异则乱;一则安,异则危。夫能齐万不同,愚智工拙,皆尽力竭能,如出乎一穴者,其唯圣人矣乎!无术之智,不教之能,而恃强速贯习,不足以成也。

执 一

八曰——

天地阴阳不革,而成万物不同。目不失其明,而见白黑之殊;耳不失其(听)〔聪〕,而闻清浊之声。王者执一,而为万物正。军必有将,所以一之也;国必有君,所以一之也;天下必有天子,所以一之也;天子必执一,所以抟之也。一则治,两则乱。今御骊马者,使四人,人操一策,则不可以出于门闾者,不一也。

楚王问为国于詹子。詹子对曰:“何闻为身,不闻为国。”詹子岂以国可无为哉?以为为国之本在于为身,身为而家为,家为而国为,国为而天下为。故曰以身为家,以家为国,以国为天下。此四者,异位同本。故圣人之事,广之则极宇宙、穷日月,约之则无出乎身者也。慈亲不能传于子,忠臣不能入于君,唯有其材者为近之。

田骈以道术说齐〔王〕。(齐)王应之曰:“寡人所有者齐国也,愿闻齐国之政。”田骈对曰:“臣之言,无政而可以得政。譬之若林木,无材而可以得材。愿王之自取齐国之政也。骈犹浅言之也。博言之,岂独齐国之政哉?变化应来而皆有章,因性任物而莫不宜当,彭祖以寿,三代以昌,五帝以昭,神农以鸿。”

吴起谓商文曰:“事君果有命矣夫!”商文曰:“何谓也?”吴起曰:“治四境之内,成训教,变习俗,使君臣有义,父子有序,子与我孰贤?”商文曰:“吾不若子。”曰:“今日置质为臣,其主安重;今日释玺辞官,其主安轻;子与我孰贤?”商文曰:“吾不若子。”曰:“士马成列,马与人敌,人在马前,援桴一鼓,使三军之士,乐死若生,子与我孰贤?”商文曰:“吾不若子。”吴起曰:“三者,子皆不吾若也,位则在吾上,命也夫事君!”商文曰:“善。子问我,我亦问子。世变主少,群臣相疑,黔首不定。〔当此之时,〕属之子乎?属之我乎?”吴起默然不对。少选曰:“与子。”商文曰:“是吾所以加于子之上已。”吴起见其所以长,而不见其所以短;知其所以贤,而不知其所以不肖。故胜于西河,而困于王错,倾造大难,身不得死焉。夫吴胜于齐,而不胜于越;齐胜于宋,而不胜于燕;故凡能全国完身者,其唯知长短赢绌之化邪。

卷十八　审应览第六

审　应

一曰——

人主出声应容,不可不审。凡主有识,言不欲先。人唱我和,人先我随。以其出为之入,以其言为之名,取其实以责其名,则说者不敢妄言,而人主之所执其要矣。

孔思请行。鲁君曰:“天下主亦犹寡人也,将焉之?”孔思对曰:“盖闻君子犹鸟也,骇则举。”鲁君曰:“主不肖而皆以然也,违不肖,过不肖,而自以为能论天下之主乎?”凡鸟之举也,去骇从不骇。去骇从不骇,未可知也。去骇从骇,则鸟曷为举矣?(孔思)〔鲁君〕之对(鲁君)〔孔思〕也亦过矣。

魏惠王使人谓韩昭侯曰:“夫郑乃韩氏亡之也,愿君之封其后也,此所谓存亡继绝之义,君若封之则大名。”昭侯患之。公子食我曰:“臣请往对之。”公子食我至于魏,见魏王曰:“大国命弊邑封郑之后,弊邑不敢当也。弊邑为大国所患,昔出公之后声氏为晋公,拘于铜鞮,大国弗怜也,而使弊邑存亡继绝,弊邑不敢当也。”魏王惭曰:“固非寡人之志也,客请勿复言。”是举不义以行不义也。魏王虽无以应。韩之为不义愈益厚也。公子食我之辩,适足以饰非遂过。

魏昭王问于田诎曰:“寡人之在东宫之时,闻先生之议曰:‘为圣易。’有诸乎?”田诎对曰:“臣之所举也。”昭王曰:“然则先生圣于?”田诎对曰:“未有功而知其圣也,是尧之知舜也,待其功而后知其(舜)〔圣〕也,是市人之知(圣)〔舜〕也。今诎未有功,而王问诎曰:

‘若圣乎’，敢问王亦其尧耶？”昭王无以应。田诎之对，昭王固非曰“我知圣也”，(耳)〔且〕问曰“先生其圣乎”，已因以知圣对昭王，昭王有非其有，田诎不察。

赵惠王谓公孙龙曰：“寡人事偃兵十余年矣而不成，兵不可偃乎？”公孙龙对曰：“偃兵之意，兼爱天下之心也。兼爱天下，不可以虚名为也，必有其实。今蔺、离石入秦，而王缟素布总；东攻齐得城，而王加膳置酒。秦得地而王布总，齐亡地而王加膳，所非兼爱之心也。此偃兵之所以不成也。”今有人于此，无礼慢易而求敬，阿党不公而求令，烦号数变而求静，暴戾贪得而求定，虽黄帝犹若困，〔而况俗主乎！〕

卫嗣君欲重税以聚粟，民弗安，以告薄疑曰：“民甚愚矣。夫聚粟也，将以为民也。其自藏之与在于上奚择？”薄疑曰：“不然。其在于民而君弗知，其不如在上也；其在于上而民弗知，其不如在民也。”凡听必反诸己，审则令无不听矣。国(久)〔反〕则固，固则难亡，今虞、夏、殷、周无存者，皆不知反诸己也。

公子沓相周，申向说之而战。公子沓訾之曰：“申子说我而战，为吾相也夫？”申向曰：“向则不肖。虽然，公子年二十而相，见老者而使之战，请问孰病哉？公子沓无以应。战者，不习也；使人战者，严驵也。意者恭节而人犹战，任不在贵者矣。故人虽时有自失者，犹无以易恭节。自失不足以难，以严驵则可。

重　言

二曰——

人主之言，不可不慎。高宗，天子也，即位谅暗，三年不言。卿大夫恐惧，患之。高宗乃言曰：“以余一人正四方，余唯恐言之不类也，兹故不言。”古之天子，其重言如此，故言无遗者。

成王与唐叔虞燕居，援梧叶以为珪，而授唐叔虞曰："余以此封汝。"叔虞喜，以告周公。周公以请曰："天子其封虞邪?"成王曰："余一人与虞戏也。"周公对曰："臣闻之，天子无戏言。天子言，则史书之，工诵之，士称之。"于是遂封叔虞于晋。周公旦可谓善说矣，一称而令成王益重言，明爱弟之义，有辅王室之固。

荆庄王立三年，不听而好讔。成公贾入谏。王曰："不谷禁谏者，今子谏，何故?"对曰："臣非敢谏也，愿与君王讔也。"王曰："胡不设不谷矣。"对曰："有鸟止于南方之阜，三年不动不飞不鸣，是何鸟也?"王射之曰："有鸟止于南方之阜，其三年不动，将以定志意也；其不飞，将以长羽翼也；其不鸣，将以览民则也。是鸟虽无飞，飞将冲天；虽无鸣，鸣将骇人。贾出矣，不谷知之矣。"明日朝，所进者五人，所退者十人。群臣大说，荆国之众相贺也。故《诗》曰："何其久也，必有以也，何其处也，必有与也"，其庄王之谓邪？成公贾之讔也，贤于太宰嚭之说也。太宰嚭之说，听乎夫差，而吴国为墟；成公贾之讔，喻乎荆王，而荆国以霸。

齐桓公与管仲谋伐莒，谋未发而闻于国，桓公怪之曰："与仲父谋伐莒，谋未发而闻于国，其故何也?"管仲曰："国必有圣人也。"桓公曰："嘻！日之役者，有执蹠痟而上视者，意者其是邪?"乃令复役，无得相代。少顷，东郭牙至。管仲曰："此必是已。"乃令宾者延之而上，分级而立。管子曰："子邪言伐莒者?"对曰："然。"管仲曰："我不言伐莒，子何故言伐莒?"对曰："臣闻君子善谋，小人善意，臣窃意之也。"管仲曰："我不言伐莒，子何以意之?"对曰："臣闻君子有三色：显然喜乐者，钟鼓之色也；湫然清静者，衰绖之色也；艴然充盈，手足矜者，兵革之色也。日者臣望君之在台上也，艴然充盈，手足矜者，此兵革之色也。君呿而不唫，所言者'莒'也；君举臂而指，所当者莒也。臣窃以虑诸侯之不服者，其惟莒乎？臣故言之。"凡耳之闻以声也，今不闻其声，而以其容与臂，是东郭牙不以耳听而闻也。桓公、管仲虽善匿，弗能隐矣。故圣人听于无声，视于无形，詹何、田子方、老耽是也。

精　谕

三曰——

圣人相谕不待言，有先言(言)〔谕〕者也。海上之人有好蜻者，每〔朝〕居海上，从蜻游，蜻之至者，百数而不止，前后左右尽蜻也，终日玩之而不去。其父告之曰："闻蜻皆从女居，取而来，吾将玩之。"明日之海上，而蜻无至者矣。

胜书说周公旦曰："廷小人众，徐言则不闻，疾言则人知之，徐言乎？疾言乎？"周公旦曰："徐言。"胜书曰："有事于此，而精言之而不明，勿言之而不成，精言乎？勿言乎？"周公旦曰："勿言。"故胜书能以不言说，而周公旦能以不言听，此之谓不言之听。不言之谋，不闻之事，殷虽恶周，不能疵矣。口唈不言，以精相告；纣虽多心，弗能知矣。目视于无形，耳听于无声，商闻虽众，弗能窥矣。同恶同好，志皆有欲，虽为天子，弗能离矣。

孔子见温伯雪子，不言而出。子贡曰："夫子之欲见温伯雪子好矣，今也见之而不言，其故何也？"孔子曰："若夫人者，目击而道存矣，不可以容声矣。"故未见其人而知其志，见其人而心与志皆见，天符同也。圣人之相知，岂待言哉？

白公问于孔子曰："人可与微言乎？"孔子不应。白公曰："若以石投水奚若？"孔子曰："没人能取之。"白公曰："若以水投水奚若？"孔子曰："淄、渑之合者，易牙尝而知之。"白公曰："然则人不可与微言乎？"孔子曰："胡为不可？唯知言之谓者为可耳。"白公弗得也。知谓则不以言〔言〕矣。言者，谓之属也。求鱼者濡，争兽者趋，非乐之也。故至言去言，至为无为。浅智者之所争则末矣。此白公之所以死于法室。

齐桓公合诸侯,卫人后至。公朝而与管仲谋伐卫,退朝而入,卫姬望见君,下堂再拜,请卫君之罪。公曰:“吾于卫无故,子曷为请?”对曰:“妾望君之入也,足高气强,有伐国之志也,见妾而有动色,伐卫也。”明日(君)〔公〕朝,揖管仲而进之。管仲曰:“君舍卫乎?”公曰:“仲父安识之?”管仲曰:“君之揖朝也恭,而言也徐,见臣而有惭色,臣是以知之。”君曰:“善。仲父治外,夫人治内,寡人知终不为诸侯笑矣。”桓公之所以匿者不言也,今管子乃以容貌音声,夫人乃以行步气志,桓公虽不言,若暗夜而烛燎也。

晋襄公使人于周曰:“弊邑寡君寝疾,卜以守龟曰:‘三涂为祟。’弊邑寡君使下臣愿藉途而祈福焉。”天子许之。朝,礼使者事毕,客出。苌弘谓刘康公曰:“夫祈福于三涂,而受礼于天子,此柔嘉之事也,而客武色,殆有他事,愿公备之也。”刘康公乃儆戎车卒士以待之。晋果使祭事先,因令杨子将卒十二万而随之,涉于棘津,袭聊阮、梁、蛮氏,灭三国焉。此形名不相当,圣人之所察也,苌弘则审矣。故言不足以断(小)事,唯知言之谓者(可为)〔为可〕。

离 谓

四曰——

言者,以谕意也。言意相离,凶也。乱国之俗,甚多流言,而不顾其实,务以相毁,务以相誉,毁誉成党,众口熏天,贤不肖不分,以此治国,贤主犹惑之也,又况乎不肖者乎?惑者之患,不自以为惑,故惑惑之中有晓焉,冥冥之中有昭焉。亡国之主,不自以为惑,故与桀、纣、幽、厉皆也。然有亡者国,无二道矣。

郑国多相县以书者。子产令无县书,邓析致之。子产令无致书,邓析倚之。令无穷,则邓析应之亦无穷矣。是可不可无辨也。

可不可无辨，而以赏罚，其罚愈疾，其乱愈疾，此为国之禁也。故辨而不当理则伪，知而不当理则诈，诈伪之民，先王之所诛也。理也者，是非之宗也。

洧水甚大，郑之富人有溺者。人得其死者。富人请赎之，其人求金甚多，以告邓析。邓析曰："安之。人必莫之卖矣。"得死者患之，以告邓析。邓析又答之曰："安之。此必无所更买矣。"夫伤忠臣者，有似于此也。夫无功不得民，则以其无功不得民伤之；有功得民，则又以其有功得民伤之。人主之无度者，无以知此，岂不悲哉？比干、苌弘以此死，箕子、商容以此穷，周公、召公以此疑，范蠡、子胥以此流，死生存亡安危，从此生矣。

子产治郑，邓析务难之，与民之有狱者约，大狱一衣，小狱襦袴。民之献衣襦袴而学讼者，不可胜数。以非为是，以是为非，是非无度，而可与不可日变。所欲胜因胜，所欲罪因罪。郑国大乱，民口欢哗。子产患之，于是杀邓析而戮之，民心乃服，是非乃定，法律乃行。今世之人，多欲治其国，而莫之诛邓析之类，此所以欲治而愈乱也。

齐有事人者，所事有难而弗死也，遇故人于涂。故人曰："固不死乎？"对曰："然。凡事人以为利也。死不利，故不死。"故人曰："子尚可以见人乎？"对曰："子以死为顾可以见人乎？"是者数传。不死于其君长，大不义也，其辞犹不可服，辞之不足以断事也明矣。夫辞者，意之表也。鉴其表而弃其意，悖。故古之人，得其意则舍其言矣。听言者以言观意也。听言而意不可知，其与桥言无择。

齐人有淳于髡者，以从说魏王。魏王辩之，约车十乘，将使之荆。辞而行，有以横说魏王，魏王乃止其行。失从之意，又失横之事。夫其多能不若寡能，其有辩不若无辩。周鼎著倕而龁其指，先王有以见大巧之不可为也。

淫辞

五曰——

非辞无以相期，从辞则乱。（乱）辞之中又有辞焉，心之谓也。言不欺心，则近之矣。凡言者，以谕心也。言心相离，而上无以参之，则下多所言非所行也，所行非所言也。言行相诡，不祥莫大焉。

空雄之遇，秦、赵相与约（约）曰："自今以来，秦之所欲为，赵助之；赵之所欲为，秦助之。"居无几何，秦兴兵攻魏，赵欲救之。秦王不说，使人让赵王曰："约曰'秦之所欲为，赵助之；赵之所欲为，秦助之'。今秦欲攻魏，而赵因欲救之，此非约也。"赵王以告平原君。平原君以告公孙龙。公孙龙曰："亦可以发使而让秦王曰：'赵欲救之，今秦王独不助赵，此非约也。'"

孔穿、公孙龙相与论于平原君所，深而辩，至于藏三牙，公孙龙言藏之三牙甚辩，孔穿不应，少选，辞而出。明日，孔穿朝。平原君谓孔穿曰："昔者公孙龙之言甚辩。"孔穿曰："然。几能令藏三牙矣。虽然难。愿得有问于君，谓藏三牙甚难而实非也，谓藏两牙甚易而实是也，不知君将从易而是者乎？将从难而非者乎？"平原君不应。明日，谓公孙龙曰："公无与孔穿辩。"

荆柱国庄伯令其父视"（曰）〔日〕"，（日）〔曰〕"在天"；"视其奚如"？曰"正圆"；"视其时"，曰"当今"。令谒者"驾"，曰"无马"。令涓人"取冠"，〔曰〕"进上"。问"马齿"，圉人曰"齿十二与牙三十"。

人有任臣不亡者，臣亡，庄伯决之，任者无罪。

宋有澄子者，亡缁衣，求之涂，见妇人衣缁衣，援而弗舍，欲取其衣，曰："今者我亡缁衣。"妇人曰："公虽亡缁衣，此实吾所自为也。"澄子曰："子不如速与我衣。昔吾所亡者，纺缁也。今子之衣，禅缁也。以禅缁当纺缁，子岂不得哉？”

宋王谓其相唐鞅曰：“寡人所杀戮者众矣，而群臣愈不畏，其故何也？”唐鞅对曰：“王之所罪，尽不善者也。罪不善，善者故为不畏。王欲群臣之畏也，不若无辨其善与不善而时罪之，若此则群臣畏矣。”居无几何，宋君杀唐鞅。唐鞅之对也，不若无对。

惠子为魏惠王为法，为法已成，以示诸（民）〔良〕人，（民）〔良〕人皆善之。献之惠王，惠王善之，以示翟翦。翟翦曰：“善也。”惠王曰：“可行邪？”翟翦曰：“不可。”惠王曰：“善而不可行，何故？”翟翦对曰：“今举大木者，前呼舆谔，后亦应之。此其于举大木者善矣，岂无郑、卫之音哉？然不若此其宜也。夫国亦木之大者也。”

不　屈

六曰——

察士以为得道则未也。虽然，其应物也，辞难穷矣。辞虽穷，其为祸福犹未可知。察而以达理明义，则察为福矣；察而以饰非惑愚，则察为祸矣。古者之贵善御也，以逐暴禁邪也。

魏惠王谓惠子曰：“上世之有国〔者〕，必贤者也。今寡人实不若先生，愿得传国。”惠子辞。王又固请曰：“寡人莫有之国于此者也，而传之贤者，民之贪争之心止矣。欲先生之以此听寡人也。”惠子曰：“若王之言，则施不可而听矣。王固万乘之主也，以国与人，犹尚可〔止贪争之心〕。今施，布衣也，可以有万乘之国而辞之，此其止贪争之心愈甚也。”惠王谓惠子曰：“古之有国者，必贤者也。”夫受而贤者舜也，是欲惠子之为舜也；夫辞而贤者许由也，是惠子欲为许由也，传而贤者尧也，是惠王欲为尧也。尧、舜、许由之（作）〔行〕，非独传舜而由辞也，他行称此。今无其他，而欲为尧、舜、许由，故惠王布冠而拘于鄄，齐威王几弗受，惠子易衣变冠，乘舆而走，几不出乎魏境。凡自行不可以幸,为必诚。

匡章谓惠子于魏王之前曰:"(蝗)〔螣〕螟,农夫得而杀之,奚故?为其害稼也。今公行,多者数百乘,步者数百人;少者数十乘,步者数十人。此无耕而食者,其害稼亦甚矣。"惠王曰:"惠子施也,难以辞与公相应。虽然,请言其志。惠子曰:'今之城者,或(者)操大〔筑〕筑乎城上,或负畚而赴乎城下,或操表掇以善睎望。若施者,其操表掇者也。使工女化而为丝,不能治丝;使大匠化而为木,不能治木;使圣人化而为农夫,不能治农夫。施而治农夫者也。'公何事比施于螣螟乎?"惠子之治魏,〔以大术〕为本,其治不治。当惠王之时,五十战而二十败,所杀者不可胜数,大将、爱子有禽者也。大术之愚,为天下笑,得举其讳,乃请令周太史更著其名。围邯郸三年而弗能取,士民罢潞,国家空虚,天下之兵四至。众庶诽谤,诸侯不誉,谢于翟翦而更听其谋,社稷乃存。名宝散出,土地四削,魏国从此衰矣。仲父,大名也;让国,大实也。说以不听、不信。(听)〔说〕而若此,不可谓工矣。不工而治,贼天下莫大焉,幸而独听于魏也。以贼天下为实,以治之为名,匡章之非,不亦可乎?

白圭新与惠子相见也,惠子说之以强,白圭无以应。惠子出。白圭告人曰:"人有新取妇者,妇至,宜安矜烟视媚行。竖子操蕉火而巨,新妇曰:'蕉火大巨。'入于门,门中有敛陷,新妇曰:'塞之,将伤人之足。'此非不便之家氏也,然而有大甚者。今惠子之遇我尚新,其说我有大甚者。"惠子闻之曰:"不然。《诗》曰:'恺悌君子,民之父母。'恺者,大也;悌者,长也。君子之德,长且大者,则为民父母。父母之教子也,岂待久哉?何事比我于新妇乎?《诗》岂曰'恺悌新妇'哉?"诽污因污,诽辟因辟,是诽者与所非同也。白圭曰"惠子之遇我尚新,其说我有大甚者",惠子闻而诽之,因自以为为之父母,其非有甚于白圭(亦)〔之〕有大甚者。

应　言

七曰——

白圭谓魏王曰:“市丘之鼎以烹鸡,多洎之则淡而不可食,少洎之则焦而不熟,然而视之蝺焉美无所可用。惠子之言,有似于此。”惠子闻之曰:“不然。使三军饥而居鼎旁,适为之甑。则莫宜之此鼎矣。”白圭闻之曰:“无所可用者,意者徒加其甑邪?”白圭之论自悖,其少魏王大甚。以惠子之言蝺焉美无所可用,是魏王以言无所可用者为仲父也,是以言无所用者为美也。

公孙龙说燕昭王以偃兵。昭王曰:“甚善。寡人愿与客计之。”公孙龙曰:“窃意大王之弗为也。”王曰:“何故?”公孙龙曰:“日者大王欲破齐,诸天下之士,其欲破齐者,大王尽养之;知齐之险阻要塞君臣之际者,大王尽养之;虽知而弗欲破者,大王犹若(弗)养〔之〕;其卒果破齐以为功。今大王曰‘我甚取偃兵’。诸侯之士,在大王之本朝者,尽善用兵者也,臣是以知大王之弗为也。”王无以应。

司马喜难墨者师于中山王前以非攻,曰:“先生之所术非攻夫?”墨者师曰:“然。”曰:“今王兴兵而攻燕,先生将非王乎?”墨者师对曰:“然则相国是攻之乎?”司马喜曰:“然。”墨者师曰:“今赵兴兵而攻中山,相国将是之乎?”司马喜无以应。

路说谓周颇曰:“公不爱赵,天下必从。”周颇曰:“固欲天下之从也。天下从则秦利也。”路说应之曰:“然则公欲秦之利夫?”周颇曰:“欲之。”路说曰:“公欲之,则胡不为从矣?”

魏令孟卬割绛、窌、安邑之地以与秦王。王喜,令起贾为孟卬求司徒于魏王。魏王不说,应起贾曰:“卬,寡人之臣也。寡人宁以臧为司徒,无用卬。愿大王之更以他人诏之也。”起贾出,遇孟卬于廷,曰:“公之事何如?”起贾曰:“公甚贱于公之主。公之主曰‘宁用臧为司徒，无用公'。"孟卬入见，谓魏王曰："秦客何言？"王曰："求以女为司徒。"孟卬曰："王应之谓何？"王曰："宁以臧，无用卬也。"孟卬太息曰："宜矣王之制于秦也。王何疑秦之善臣也？以绛、窌、安邑令(负牛)〔牛负〕书与秦，犹乃善牛也。卬虽不肖，独不如牛乎？且王令三将军为臣先曰'视卬如身'，是臣重也。(令二)〔今王〕轻臣也，令臣责，卬虽贤固能乎？"居三日，魏王乃听起贾。凡人主之与其大官也，为有益也。今割国之锱锤矣，而因得大官，且何地以给之？大官，人臣之所欲也。孟卬令秦得其所欲，秦亦令孟卬得其所欲，责以偿矣，尚有何责？魏虽强犹不能责无责，又况于弱？魏王之令乎孟卬为司徒以弃其责则拙也。

秦王立帝，宜阳令许绾诞魏王，魏王将入秦。魏敬谓王曰："以河内孰与梁重？"王曰："梁重。"又曰："梁孰与身重？"王曰："身重。"又曰："若使秦求河内，则王将与之乎？"王曰："弗与也。"魏敬曰："河内，三论之下也。身，三论之上也。秦索其下而王弗听，索其上而王听之，臣窃不取也。"王曰："甚然。"乃辍行。秦虽大胜于长平，三年然后决，士民倦，粮食〔索〕。当此时也，两周全，其(北)〔比〕存。魏举陶削卫，地方六百，有之(势)是〔势〕，而入大早，奚待于魏敬之说也？夫未可以入而入，其患有将可以入而不入，入与不入之时，不可不熟论也。

具　备

八曰——

今有羿、逢蒙，繁弱于此，而无弦，则必不能中也。中非独弦也，而弦为(弓)中之具也。夫立功名亦有具，不得其具，贤虽过汤、武，则劳而无功矣。汤尝约于郼薄矣，武王尝穷于毕裎矣，伊尹尝居于庖厨矣，太公尝隐于钓鱼矣，贤非衰也，智非愚也，皆无其具也。故凡立功名，虽贤必有其具然后可成。

宓子贱治亶父，恐鲁君之听谗人，而令己不得行其术也。将辞而行，请近吏二人于鲁君，与之俱至于亶父。邑吏皆朝，宓子贱令吏二人书。吏方将书，宓子贱从旁时掣摇其肘。吏书之不善，则宓子贱为之怒，吏甚患之，辞而请归。宓子贱曰："子之书甚不善，子勉归矣。"二吏归报于君，曰："宓子不可为书。"君曰："何故？"吏对曰："宓子使臣书，而时掣摇臣之肘，书恶而有甚怒，吏皆笑宓子，此臣所以辞而去也。"鲁君太息而叹曰："宓子以此谏寡人之不肖也。寡人之乱〔宓〕子，而令宓子不得行其术，必数有之矣。微二人，寡人几过。"遂发所爱，而令之亶父，告宓子曰："自今以来，亶父非寡人之有也，子之有也。有便于亶父者，子决为之矣。五岁而言其要。"宓子敬诺，乃得行其术于亶父。三年，巫马旗短褐衣弊裘，而往观化于亶父，见夜渔者，得则舍之。巫马旗问焉，曰："渔为得也。今子得而舍之，何也？"对曰："宓子不欲人之取小鱼也。所舍者小鱼也。"巫马旗归，告孔子曰："宓子之德至矣。使民暗行，若有严刑于旁。敢问宓子何以至于此？"孔子曰："丘尝与之言曰：'诚乎此者刑乎彼'。宓子必行此术于亶父也。"夫宓子之得行此术也，鲁君后得之也。鲁君后得之者，宓子先有其备也。先有其备，岂遽必哉？此鲁君之贤也。三月婴儿，轩冕在前，弗知欲也，斧钺在后，弗知恶也，慈母之爱谕焉，诚也。故诚有诚乃合于情，精有精乃通于天。（乃）通于天，水〔火〕木石之性，皆可动也，又况于有血气者乎？故凡说与治之务莫若诚。听言哀者，不若见其哭也；听言怒者，不若见其斗也。说与治不诚，其动人心不神。

卷十九　离俗览第七

离　俗

一曰——

世之所不足者，理义也；所有余者，妄苟也。民之情，贵所不足，贱所有余。故布衣人臣之行，洁白清廉中绳，愈穷愈荣。虽死，天下愈高之，〔贵〕所不足也。然而以理义斫削，神农、黄帝，犹有可非，微独舜、汤。飞兔、要袅，古之骏马也，材犹有短。故以绳墨取木，则宫室不成矣。

舜〔以天下〕让其友石户之农，石户之农曰："棬棬乎后之为人也，葆力之士也。"以舜之德为未至也，于是乎夫负妻妻携子以入于海，(去之)终身不反。舜又让其友北人无择。北人无择曰："异哉后之为人也，居于圳亩之中，而游(入)于尧之门。不若是而已，又欲以其辱行漫我，我羞〔见〕之。"而自投于苍领之渊。汤将伐桀，因卞随而谋。卞随辞曰："非吾事也。"汤曰："孰可?"卞随曰："吾不知也。"汤又因务光而谋。务光曰："非吾事也。"汤曰："孰可?"务光曰："吾不知也。"汤曰："伊尹何如?"务光曰："强力忍询，吾不知其他也。"汤遂与伊尹谋夏伐桀，克之，以让卞随。卞随辞曰："后之伐桀也，谋乎我，必以我为贼也。胜桀而让我，必以我为贪也。吾生乎乱世，而无道之人再来询我，吾不忍数闻也。"乃自投于颍水而死。汤又让于务光曰："智者谋之，武者遂之，仁者居之，古之道也。吾子胡不位之？请相吾子。"务光辞曰："废上，非义也。杀民，非仁也。人犯其难，我享其利，非廉也。吾闻之：'非其义，不受其利；无道之世，不践其土’,况于尊我乎？吾不忍久见也。”乃负石而沉于募水。故如石户之农、北人无择、卞随、务光者,其视天下若六合之外,人之所不能察;其视富贵也,苟可得已,则必不之赖;高节厉行,独乐其意,而物莫之害;不漫于利,不牵于埶,而羞居浊世;(惟此)〔此惟〕四士者之节。若夫舜、汤,则苞裹覆容,缘不得已而动,因时而为,以爱利为本,以万民为义。譬之若钓者,鱼有小大,饵有宜适,羽有动静。

齐、晋相与战,平阿之馀子亡戟得矛,却而去,不自快,谓路之人曰:“亡戟得矛,可以归乎?”路之人曰:“戟亦兵也,矛亦兵也,亡兵得兵,何为不可以归?”去行,心犹不自快,遇高唐之孤叔无孙,当其马前曰:“今者战,亡戟得矛,可以归乎?”叔无孙曰:“矛非戟也,戟非矛也,亡戟得矛,岂亢责也哉?”平阿之馀子曰:“嘻！还反战,趋尚及之。”遂战而死。叔无孙曰:“吾闻之:君子济人于患,必离其难。”疾驱而从之,亦死而不反。令此将众,亦必不北矣;令此处人主之旁,亦必死义矣。今死矣而无大功,其任小故也。任小者,不知大也。今焉知天下之无平阿馀子与叔无孙也？故人主之欲得廉士者,不可不务求。

齐庄公之时,有士曰宾卑聚,梦有壮子,白缟之冠,丹绩之袧,东布之衣,新素履,墨剑室,从而叱之,唾其面,惕然而寤,徒梦也。终夜坐不自快。明日召其友而告之曰:“吾少好勇,年六十而无所挫辱。今夜辱,吾将索其形,期得之则可,不得将死之。”每朝与其友俱立乎衢,三日不得,却而自殁。谓此当务则未也。虽然,其心之不辱也,有可以加乎。

高　义

二曰——

君子之自行也,动必缘义,行必诚义,俗虽谓之穷,通也;行不诚义,动不缘义,俗虽谓之通,穷也;然则君子之穷通,有异乎俗者也。故当功以受赏,当罪以受罚。赏不当,虽与之必辞;罚诚当,虽赦之不外。度之于国必利,长久长久之于主必宜,内反于心不惭然后动。

孔子见齐景公,景公致廪丘以为养,孔子辞不受,入谓弟子曰:“吾闻君子当功以受禄。今说景公,景公未之行而赐之廪丘,其不知丘亦甚矣。”令弟子趣驾,辞而行。孔子布衣也,官在鲁司寇,万乘难与比行,三王之佐不显焉,取舍不苟也夫!

子墨子游公上过于越。公上过语墨子之义,越王说之,谓公上过曰:“子之师苟肯至越,请以故吴之地,阴江之浦,书社三百,以封夫子。”公上过往复于子墨子。子墨子曰:“子之观越王也,能听吾言、用吾道乎?”公上过曰:“殆未能也。”墨子曰:“不唯越王不知翟之意,虽子亦不知翟之意。若越王听吾言、用吾道,翟度身而衣,量腹而食,比于宾萌,未敢求仕。越王不听吾言、不用吾道,虽全越以与我,吾无所用之。越王不听吾言、不用吾道,而受其国,是以义翟也,义翟何必越,虽于中国亦可。”凡人不可不熟论。秦之野人,以小利之故,弟兄相狱,亲戚相忍,今可得其国,恐亏其义而辞之,可谓能守行矣;其与秦之野人相去亦远矣。

荆人与吴人将战,荆师寡,吴师众,荆将军子囊曰:“我与吴人战,必败。败王师,辱王名,亏壤土,忠臣不忍为也。”不复于王而遁。至于郊,使人复于王曰:“臣请死。”王曰:“将军之遁也,以其为利也。今诚利,将军何死?”子囊曰:“遁者无罪,则后世之为王将者,皆依不利之名而效臣遁。若是则荆国终为天下挠。”遂伏剑而死。王曰:“请成将军之义。”乃为之桐棺三寸,加斧锧其上。人主之患,存而不知所以存,亡而不知所以亡,此存亡之所以数至也。郼、岐之广也,万国之顺也,从此生矣。荆之为四十二世矣,尝有乾谿、白公之乱矣,尝有郑襄、州侯之避矣,而今犹为万乘之大国,其时有臣如子囊与?子囊之节,非独厉一世之人臣也。

荆昭王之时，有士焉，曰石渚。其为人也，公直无私，王使为（政廷）〔廷理〕，有杀人者，石渚追之，则其父也。还车而反，立于廷曰："杀人者，仆之父也。以父行法，不忍；阿有罪，废国法，不可。失法伏罪，人臣之义也。"于是乎伏斧锧，请死于王。王曰："追而不及，岂必伏罪哉？子复事矣。"石渚辞曰："不私其亲，不可谓孝子。事君枉法，不可谓忠臣。君令赦之，上之惠也。不敢废法，臣之行也。"不去斧锧，殁头乎王廷。正法枉必死，父犯法而不忍，王赦之而不肯，石渚之为人臣也，可谓忠且孝矣。

上　德

三曰——

为天下及国，莫如以德，莫如行义。以德以义，不赏而民劝，不罚而邪止，此神农、黄帝之政也。以德以义，则四海之大，江河之水，不能亢矣；太华之高，会稽之险，不能障矣；阖庐之教，孙、吴之兵，不能当矣。故古之王者，德回乎天地，澹乎四海，东西南北，极日月之所烛，天覆地载，爱恶不臧，虚素以公，小民皆之其（之）敌而不知其所以然，此之谓顺天；〔其〕教变容改俗而莫得其所受之，此之谓顺情。故古之人，身隐而功著，形息而名彰，说通而化奋，利行乎天下而民不识，岂必以严罚厚赏哉？严罚厚赏，此衰世之政也。

三苗不服，禹请攻之。舜曰："以德可也。"行德三年，而三苗服。孔子闻之曰："通乎德之情，则孟门、太行不为险矣。故曰德之速，疾乎以邮传命。"周明堂，金在其后，有以见先德后武也。舜其犹此乎？其臧武通于周矣。

晋献公为丽姬远太子。太子申生居曲沃，公子重耳居蒲，公子夷吾居屈。丽姬谓太子曰："往昔君梦见姜氏。"太子祠而膳于公，丽姬易之。公将尝膳，姬曰："所由远，请使人尝之。"尝人人死，食狗狗死，故诛太子。太子不肯自释，曰："君非丽姬，居不安，食不甘。"遂以剑死。公子夷吾自屈奔梁。公子重耳自蒲奔翟。去翟过卫，卫文公无理焉。过五鹿如齐，齐桓公死。去齐之曹，曹共公视其骿胁，使袒而捕池鱼。去曹过宋，宋襄公加礼焉。之郑，郑文公不敬，被瞻谏曰："臣闻贤主不穷穷。今晋公子之从者，皆贤者也。君不礼也，不如杀之。"郑君不听。去郑之荆，荆成王慢焉。去荆之秦，秦缪公入之。晋既定，兴师攻郑，求被瞻。被瞻谓郑君曰："不若以臣与之。"郑君曰："此孤之过也。"被瞻曰："杀臣以免国，臣愿之。"被瞻入晋军，文公将烹之。被瞻据镬而呼曰："三军之士皆听瞻也，自今以来，无有忠于其君，忠于其君者将烹。"文公谢焉，罢师，归之于郑。且被瞻忠于其君、而君免于晋患也，行义于郑、而见说于文公也，故义之为利博矣。

墨者巨子孟胜，善荆之阳城君。阳城君令守于国，毁璜以为符，约曰："符合听之。"荆王薨，群臣攻吴起，兵于丧所，阳城君与焉，荆罪之。阳城君走，荆收其国。孟胜曰："受人之国，与之有符。今不见符，而力不能禁，不能死，不可。"其弟子徐弱谏孟胜曰："死而有益阳城君，死之可矣。无益也，而绝墨者于世，不可。"孟胜曰："不然。吾于阳城君也，非师则友也，非友则臣也。不死，自今以来，求严师必不于墨者矣，求贤友必不于墨者矣，求良臣必不于墨者矣。死之所以行墨者之义而继其业者也。我将属巨子于宋之田襄子，田襄子贤者也，何患墨者之绝世也？"徐弱曰："若夫子之言，弱请先死以除路。"还殁头〔于〕前（于）。孟胜因使二人传巨子于田襄子。孟胜死，弟子死之者百八十。三人以致令于田襄子，欲反死孟胜于荆，田襄子止之曰："孟子已传巨子于我矣，当听。"遂反死之。墨者以为不听巨子不察。严罚厚赏，不足以致此。今世之言治，多以严罚厚赏，此上世之（若客）〔苦害〕也。

用　民

四曰——

凡用民，太上以义，其次以赏罚。其义则不足死，赏罚则不足去就，若是而能用其民者，古今无有。民无常用也，无常不用也，唯得其道为可。

阖庐之用兵也不过三万，吴起之用兵也不过五万。万乘之国，其为三万五万尚多。今外之则不可以拒敌，内之则不可以守国，其民非不可用也，不得所以用之也。不得所以用之，国虽大，势虽便，卒虽众，何益？古者多有天下而亡者矣，其民不为用也。用民之论，不可不熟。

剑不徒断，车不自行，或使之也。夫种麦而得麦，种稷而得稷，人不怪也。用民亦有种，不审其种，而祈民之用，惑莫大焉。

当禹之时，天下万国，至于汤而三千余国，今无存者矣，皆不能用其民也。民之不用，赏罚不充也。汤、武因夏、商之民也，得所以用之也。管、商亦因齐、秦之民也，得所以用之也。民之用也有故，得其故，民无所不用。用民有纪有纲，壹引其纪，万目皆起，壹引其纲，万目皆张。为民纪纲者何也？欲也恶也。何欲何恶？欲荣利，恶辱害。辱害所以为罚充也，荣利所以为赏实也。赏罚皆有充实，则民无不用矣。

阖庐试其民于五湖，剑皆加于肩，地流血几不可止；句践试其民于寝宫，民争入水火，死者千余矣，遽击金而却之；赏罚有充也。莫邪不为勇者兴、惧者变，勇者以工，惧者以拙，能与不能也。

夙沙之民，自攻其君，而归神农。密须之民，自缚其主，而与文王。汤、武非徒能用其民也，又能用非己之民，能用非己之民，国虽小，卒虽少，功名犹可立。古昔多由布衣定一世者矣，皆能用非其有也。用非其有之心,不可〔不〕察之本。三代之道无二,以信为管。

宋人有取道者,其马不进,倒而投之溪水。又复取道,其马不进,又倒而投之溪水。如此者三。虽造父之所以威马,不过此矣。不得造父之道,而徒得其威,无益于御。人主之不肖者,有似于此。不得其道,而徒多其威。威愈多,民愈不用。亡国之主,多以多威使其民矣。故威不可无有,而不足专恃。譬之若盐之于味,凡盐之用,有所托也,不适则败托而不可食。威亦然,必有所托,然后可行。恶乎托?托于爱利。爱利之心谕,威乃可行。威太甚则爱利之心息,爱利之心息而徒疾行威,身必咎矣,此殷、夏之所以绝也。君,利势也,次官也。处次官,执利势,不可而不察于此。夫不禁而禁者,其唯深见此论邪。

适威

五曰——

先王之使其民,若御良马,轻任新节,欲走不得,故致千里。善用其民者亦然。民日夜祈用而不可得,苟得为上用,民之走之也,若决积水于千仞之溪,其谁能当之?《周书》曰:"民善之则畜也,不善则仇也。"有仇而众,不若无有。厉王,天子也,有仇而众,故流于彘,祸及子孙,微召公虎而绝无后嗣。今世之人主,多欲众之,而不知善,此多其仇也。不善则不有。有必缘其心爱之谓也,有其形不可谓有之。舜布衣而有天下。桀,天子也,而不得息,由此生矣。有无之论,不可不熟。汤、武通于此论,故功名立。

古之君民者,仁义以治之,爱利以安之,忠信以导之,务除其灾,思致其福。故民之于上也,若玺之于涂也,抑之以方则方,抑之以圜则圜;若五种之于地也,必应其类,而蕃息于百倍,此五帝三王之所以无敌也。身已终矣,而后世化之如神,其人事审也。

魏武侯之居中山也，问于李克曰："吴之所以亡者何也？"李克对曰："骤战而骤胜。"武侯曰："骤战而骤胜，国家之福也。其独以亡，何故？"对曰："骤战则民罢，骤胜则主骄。以骄主使罢民，然而国不亡者，天下少矣。骄则恣，恣则极物；罢则怨，怨则极虑。上下俱极，吴之亡犹晚，此夫差之所以自殁于干隧也。"东野稷以御见庄公，进退中绳，左右旋中规。庄公曰："善"，以为造父不过也，使之钩百而少(及)〔反〕焉。颜阖入见。庄公曰："子遇东野稷乎？"对曰："然。臣遇之。其马必败。"庄公曰："将何败？"少顷，东野之马败而至。庄公召颜阖而问之曰："子何以知其败也？"颜阖对曰："夫进退中绳，左右旋中规，造父之御，无以过焉。乡臣遇之，犹求其马。臣是以知其败也。"故乱国之使其民，不论人之性，不反人之情，烦为教而过不识，数为令而非不从，巨为危而罪不敢，重为任而罚不胜。民进则欲其赏，退则畏其罪。知其能力之不足也，则以为继矣。以为继知，则上又从而罪之，是以罪召罪，上下之相仇也，由是起矣。故礼烦则不庄，业烦则无功，令苛则不听，禁多则不行。桀、纣之禁，不可胜数，故民因而身为戮，极也，不能用威适。子阳极也好严，有过而折弓者，恐必死，遂应猘狗而弑子阳，极也。周鼎有窃，曲状甚长，上下皆曲，以见极之败也。

为　欲

六曰——

使民无欲，上虽贤犹不能用。夫无欲者，其视为天子也与为舆隶同，其视有天下也与无立锥之地同，其视为彭祖也与为殇子同。天子至贵也，天下至富也，彭祖至寿也，诚无欲则是三者不足以劝。舆隶至贱也，无立锥之地至贫也，殇子至夭也，诚无欲则是三者不足以禁。会有一欲，则北至大夏，南至北户，西至三危，东至扶木，不敢乱矣;犯白刃,冒流矢,趣水火,不敢却也;晨寤兴,务耕疾庸,㮍为烦辱,不敢休矣。故人之欲多者,其可得用亦多;人之欲少者,其〔可〕得用亦少;无欲者,不可得用也。人之欲虽多,而上无以令之,人虽得其欲,人犹不可用也。令人得欲之道,不可不审矣。

善为上者,能令人得欲无穷,故人之可得用亦无穷也。蛮夷反舌殊俗异习之国,其衣服冠带,宫室居处,舟车器械,声色滋味皆异,其为欲(使)一也。三王不能革,不能革而功成者,顺其天也;桀、纣不能离,不能离而国亡者,逆其天也。逆而不知其逆也,湛于俗也。久湛而不去则若性。性(异)〔与〕非性,不可不熟。不闻道者,何以去非性哉?无以去非性,则欲未尝正矣。欲不正,以治身则夭,以治国则亡。故古之圣王,审顺其天而以行欲,则民无不令矣,功无不立矣。圣王执一,四夷皆至者,其此之谓也。

执一者至贵也。至贵者无敌。圣王托于无敌,故民命敌焉。群狗相与居,皆静无争,投以炙鸡,则相与争矣,或折其骨,或绝其筋,争术存也。争术存因争,不争之术存因不争,取争之术而相与争,万国无一。

凡治国令其民争行义也,乱国令其民争为不义也;强国令其民争乐用也,弱国令其民争竞不用也。夫争行义乐用与争为不义竞不用,此其为祸福也,天不能覆,地不能载。晋文公伐原,与士期七日,七日而原不下,命去之。(谋士)〔谍出〕言曰:“原将下矣。”师吏请待之。公曰:“信,国之宝也。得原失宝,吾不为也。”遂去之。明年复伐之,与士期必得原然后反,原人闻之乃下。卫人闻之,以文公之信为至矣,乃归文公。故曰“攻原得卫”者,此之谓也。文公非不欲得原也,以不信得原,不若勿得也,必诚信以得之,归之者非独卫也,文公可谓知求欲矣。

贵　信

七曰——

凡人主必信。信而又信，谁人不亲？故《周书》曰："允哉允哉！"以言非信则百事不满也，故信之为功大矣。信立则虚言可以赏矣。虚言可以赏，则六合之内皆为己府矣。信之所及，尽制之矣。制之而不用，人之有也；制之而用之，己之有也。己有之，则天地之物毕为用矣。人主有见此论者，其王不久矣；人臣有知此论者，可以为王者佐矣。

天行不信，不能成岁；地行不信，草木不大。春之德风，风不信，其华不盛，华不盛，则果实不生；夏之德暑，暑不信，其土不肥，土不肥，则长遂不精；秋之德雨，雨不信，其谷不坚，谷不坚，则五种不成；冬之德寒，寒不信，其地不刚，地不刚，则冻闭不开。天地之大，四时之化，而犹不能以不信成物，又况乎人事？君臣不信，则百姓诽谤，社稷不宁；处官不信，则少不畏长，贵贱相轻；赏罚不信，则民易犯法，不可使令；交友不信，则离散郁怨，不能相亲；百工不信，则器械苦伪，丹漆（染色）不贞。夫可与为始，可与为终，可与尊通，可与卑穷者，其唯信乎！信而又信，重袭于身，乃通于天。以此治人，则膏雨甘露降矣，寒暑四时当矣。

齐桓公伐鲁，鲁人不敢轻战，去（鲁）国五十里而封之，鲁请比关内侯以听，桓公许之。曹翙谓鲁庄公曰："君宁死而又死乎？其宁生而又生乎？"庄公曰："何谓也？"曹翙曰："听臣之言，国必广大，身必安乐，是生而又生也。不听臣之言，国必灭亡，身必危辱，是死而又死也。"庄公曰："请从。"于是明日将盟，庄公与曹翙皆怀剑至于坛上。庄公左搏桓公，右抽剑以自承，曰："鲁国去境数百里，今去境五十里，亦无生矣。钧其死也，戮于君前。"管仲、鲍叔进，曹翙按剑当两陛之间曰："且二君将改图，毋或进者。"庄公曰："封于汶则可，不则请死。"管仲曰："以地卫君，非以君卫地，君其许之。"乃遂封于汶南，与之盟。归而欲勿予。管仲曰："不可。人特劫君而不盟，君不知，不可谓智；临难而不能勿听，不可谓勇；许之而不予，不可谓信。不智不勇不信，有此三者，不可以立功名。予之，虽亡地亦得信。以四百里之地见信于天下，君犹得也。"庄公，仇也；曹翙，贼也。信于仇贼，又况于非仇贼者乎？夫九合之而合，壹匡之而听，从此生矣。管仲可谓能因物矣。以辱为荣，以穷为通，虽失乎前，可谓后得之矣。（物固不可全也。）

举　难

八曰——

〔物固不可全也。〕以全举人固难，物之情也。人伤尧以不慈之名，舜以卑父之号，禹以贪位之意，汤、武以放弑之谋，五伯以侵夺之事。由此观之，物岂可全哉？故君子责人则以人，自责则以义。责人以人则易足，易足则得人；自责以义则难为非，难为非则行饰；故任天地而有余。不肖者则不然，责人则以义，自责则以人，责人以义则难(瞻)〔赡〕，难(瞻)〔赡〕则失亲；自责以人则易为，易为则行苟；故天下之大而不容也，身取危、国取亡焉，此桀、纣、幽、厉之行也。尺之木必有节目，寸之玉必有瑕瓋。先王知物之不可全也，故择物而贵取一也。

季孙氏劫公家。孔子欲谕术则见外，于是受养而便说，鲁国以訾。孔子曰："龙食乎清而游乎清，螭食乎清而游乎浊，鱼食乎浊而游乎浊。今丘上不及龙，下不若鱼，丘其螭邪？"夫欲立功者，岂得中绳哉？救溺者濡，追逃者趋。

魏文侯弟曰季成，友曰翟璜。文侯欲相之而未能决，以问李克。

李克对曰:“君欲置相,则问乐腾与王孙苟端孰贤?”文侯曰:“善。”以王孙苟端为不肖,翟璜进之;以乐腾为贤,季成进之;故相季成。凡听于主,言人不可不慎。季成,弟也,翟璜,友也,而犹不能知,何由知乐腾与王孙苟端哉?疏贱者知,亲习者不知,理无自然。〔理无〕自然而断相过,李克之对文侯也亦过。虽皆过,譬之若金之与木,金虽柔犹坚于木。

孟尝君问于白圭曰:“魏文侯名过桓公,而功不及五伯,何也?”白圭对曰:“文侯师子夏,友田子方,敬段干木,此名之所以过桓公也。卜相曰‘成与璜孰可’?此功之所以不及五伯也。相也者,百官之长也。择者欲其博也。今择而不去二人,与用其仇亦远矣。且师友也者,公可也;戚爱也者,私安也。以私胜公,衰国之政也。然而名号显荣者,三士羽之也。”

宁戚欲干齐桓公,穷困无以自进,于是为商旅将任车以至齐,暮宿于郭门之外。桓公郊迎客,夜开门,辟任车,爝火甚盛,从者甚众。宁戚饭牛居车下,望桓公而悲,击牛角疾歌。桓公闻之,抚其仆之手曰:“异哉!之歌者非常人也。”命后车载之。桓公反,至,从者以请。桓公赐之衣冠,将见之。宁戚见,说桓公以治境内。明日复见,说桓公以为天下。桓公大说,将任之,群臣争之曰:“客,卫人也。卫之去齐不远,君不若使人问之,而固贤者也,用之未晚也。”桓公曰:“不然。问之,患其有小恶,以人之小恶,亡人之大美,此人主之所以失天下之士也已。”凡听必有以矣。今听而不复问,合其所以也。且人固难全,权而用其长者。当〔是〕举也,桓公得之矣。

卷二十　恃君览第八

恃　君

一曰——

凡人之性，爪牙不足以自守卫，肌肤不足以捍寒暑，筋骨不足以从利辟害，勇敢不足以却猛禁悍，然且犹裁万物，制禽兽，服狡虫，寒暑燥湿弗能害，不唯先有其备，而以群聚邪！群之可聚也，相与利之也。利之出于群也，君道立也。故君道立则利出于群，而人备可完矣。

昔太古尝无君矣，其民聚生群处，知母不知父，无亲戚兄弟夫妻男女之别，无上下长幼之道，无进退揖让之礼，无衣服履带宫室畜积之便，无器械舟车城郭险阻之备，此无君之患。故君臣之义，不可不明也。自上世以来，天下亡国多矣，而君道不废者，天下（之利）〔利之〕也。故废其非君，而立其行君道者。君道何如？利而（物）〔勿〕利章。

（非）〔渭〕滨之东，夷、秽之乡，大解、陵鱼、其、鹿野、摇山、扬岛、大人之居，多无君；扬、汉之南，百越之际，敝凯诸、夫风、馀靡之地，缚娄、阳禺、驩兜之国，多无君；氐、羌、呼唐、离水之西，僰人、野人、篇笮之川，舟人、送龙、突人之乡，多无君；雁门之北，鹰隼、所鸷、须窥之国，饕餮、穷奇之地，叔逆之所，儋耳之居，多无君；此四方之无君者也。其民麋鹿禽兽，少者使长，长者畏壮，有力者贤，暴傲者尊，日夜相残，无时休息，以尽其类。圣人深见此患也，故为天下长虑，莫如置天子也；为一国长虑，莫如置君也。置君非以阿君也，置天子非以阿天子也，置官长非以阿官长也。德衰世乱，然后天子利天下，国君利国,官长利官,此国〔之〕所以递兴递废也,乱难之所以时作也。故忠臣廉士,内之则谏其君之过也,外之则死人臣之义也。

豫让欲杀赵襄子,灭须去眉,自刑以变其容,为乞人而往乞于其妻之所。其妻曰:“状貌无似吾夫者,其音何类吾夫之甚也?”又吞炭以变其音,其友谓之曰:“子之所道甚难而无功。谓子有志则然矣,谓子智则不然。以子之材而索事襄子,襄子必近子,子得近而行所欲,此甚易而功必成。”豫让笑而应之曰:“是〔为〕先知报后知也,为故君贼新君矣,大乱君臣之义者无此,失吾所为为之矣。凡吾所为为此者,所以明君臣之义也,非从易也。”

柱厉叔事莒敖公,自以为不知。而去居于海上,夏日则食菱芡,冬日则食橡栗。莒敖公有难,柱厉叔辞其友而往死之。其友曰:“子自以为不知故去,今又往死之,是知与不知无异别也。”柱厉叔曰:“不然。自以为不知故去。今死而弗往死,是果知我也。吾将死之以丑后世人主之不知其臣者也,所以激君人者之行,而厉人主之节也。行激节厉,忠臣幸于得察。忠臣察则君道固矣。”

长　利

二曰——

天下之士也者,虑天下之长利,而固处之以身若也:利虽倍于今,而不便于后,弗为也;安虽长久,而以私其子孙,弗行也。自此观之,陈无宇之可丑亦重矣,其与伯成子高、周公旦、戎夷也,形虽同,取舍之殊,岂不远哉?

尧治天下,伯成子高立为诸侯。尧授舜,舜授禹,伯成子高辞〔为〕诸侯而耕。禹往见之,则耕在野。禹趋就下风而问曰:“尧理天下,吾子立为诸侯,今至于我而辞之,〔其〕故何也?”伯成子高曰:“当尧之时,未赏而民劝,未罚而民畏,民不知怨,不知说,愉愉其如赤子。今赏罚甚数,而民争利且不服,德自此衰,利自此作,后世之乱自此始。夫子盍行乎,无虑吾农事。"协而耰,遂不顾。夫为诸侯,名显荣,实佚乐,继嗣皆得其泽,伯成子高不待问而知之,然而辞为诸侯者,以禁后世之乱也。

辛宽见鲁缪公曰:"臣而今而后知吾先君周公之不若太公望封之知也。昔者太公望封于营丘,之渚海阻山(高)、险固之地也,是故地日广,子孙弥隆。吾先君周公封于鲁,无山林溪谷之险,诸侯四面以达,是故地日削,子孙弥杀。"辛宽出,南宫括入见。公曰:"今者宽也非周公",其辞若是也。南宫括对曰:"宽少者,弗识也。君独不闻成王之定成周之说乎?其辞曰:'惟余一人,营居于成周。惟余一人,有善易得而见也,有不善易得而诛也。'故曰善者得之,不善者失之,古之道也。夫贤者岂欲其子孙之阻山林之险以长为无道哉?小人哉宽也。今使燕爵为鸿鹄凤皇虑,则必不得矣。其所求者,瓦之间隙,屋之翳蔚也。与一举则有千里之志,德不盛、义不大则不至其郊。愚庳之民,其为贤者虑,亦犹此也。固妄诽訾,岂不悲哉?"

戎夷违齐如鲁,天大寒而后门,与弟子一人宿于郭外,寒愈甚,谓其弟子曰:"子与我衣,我活也;我与子衣,子活也。我国士也,为天下惜死;子不肖人也,不足爱也。子与我子之衣。"弟子曰:"夫不肖人也,又恶能与国士之衣哉?"戎夷太息叹曰:"嗟乎!道其不济夫。"解衣与弟子,夜半而死,弟子遂活。谓戎夷其能必定一世,则未之识;若夫欲利人之心,不可以加矣。达乎〔死生之〕分,仁爱之心(识)〔诚〕也,故能以必死见其义。

知　分

三曰——

达士者,达乎死生之分。达乎死生之分,则利害存亡弗能惑矣。

故晏子与崔杼盟而不变其义；延陵季子，吴人愿以为王而不肯；孙叔敖三为令尹而不喜，三去令尹而不忧，皆有所达也。有所达则物弗能惑。

荆有次非者，得宝剑于干遂，还反涉江，至于中流，有两蛟夹绕其船。次非谓舟人曰："子尝见两蛟绕船能两活者乎？"船人曰："未之见也。"次非攘臂祛衣拔宝剑曰："此（江中之）腐肉朽骨也。弃剑以全己，余奚爱焉！"于是赴江刺蛟，杀之而复上船，舟中之人皆得活。荆王闻之，仕之执圭。孔子闻之曰："夫善哉！不以腐肉朽骨而弃剑者，其次非之谓乎？"

禹南省，方济乎江，黄龙负舟。舟中之人，五色无主。禹仰视天而叹曰："吾受命于天，竭力以养人。生，性也；死，命也。余何忧于龙焉？"龙俯（耳）〔首〕低尾而逝。则禹达乎死生之分、利害之经也。凡人物者，阴阳之化也。阴阳者，造乎天而成者也。天固有衰嗛废伏，有盛盈坌息；人亦有困穷屈匮，有充实达遂；此皆天之容、物〔之〕理也，而不得不然之数也。古圣人不以感私伤神，俞然而以待耳。

晏子与崔杼盟，其辞曰："不与崔氏而与公孙氏者受其不祥。"晏子俯而饮血，仰而呼天曰："不与公孙氏而与崔氏者受此不祥。"崔杼不说，直兵造胸，句兵钩颈，谓晏子曰："子变子言，则齐国吾与子共之；子不变子言，则今是已。"晏子曰："崔子！子独不为夫诗乎？诗曰：'莫莫葛藟，延于条枚，凯弟君子，求福不回。'婴且可以回而求福乎？子（惟）〔推〕之矣。"崔杼曰："此贤者，不可杀也。"罢兵而去。晏子援绥而乘，其仆将驰，晏子（无良）〔抚顺〕其仆之手曰："安之！毋失节。疾不必生，徐不必死。鹿生于山而命悬于厨。今婴之命，有所悬矣。"晏子可谓知命矣。命也者，不知所以然而然者也，人事智巧以举错者不得与焉。故命也者，就之未得，去之未失。国士知其若此也，故以义为之决而安处之。

白圭问于邹公子夏（后）〔侯〕启曰："践绳之节，四上之志，三晋之事，此天下之豪英。以处于晋，而迭闻晋事。〔今处于邹，〕未尝闻践绳之节，四上之志，愿得而闻之。"夏(后)〔侯〕启曰："鄙人也，焉足以问?"白圭曰："愿公子之毋让也。"夏(后)〔侯〕启曰："以为可为，故为之；为之，天下弗能禁矣。以为不可为，故释之；释之，天下弗能使矣。"白圭曰："利弗能使乎？威弗能禁乎?"夏(后)〔侯〕启曰："生不足以使之，则利曷足以使之矣？死不足以禁之，则害曷足以禁之矣?"白圭无以应。夏(后)〔侯〕启辞而出。凡使贤不肖异：使不肖以赏罚，使贤以义，故贤主之使其下也必〔以〕义，〔必〕审赏罚，然后贤不肖尽为用矣。

召 类

四曰——

类同相召，气同则合，声比则应。故鼓宫而宫应，鼓角而角动；以龙致雨，以形逐影。祸福之所自来，众人以为命，焉(不)知其所(由)。故国乱非独乱，有必召寇。独乱未必亡也，召寇则无以存矣。

凡兵之用也，用于利，用于义。攻乱则服，服则攻者利；攻乱则义，义则攻者荣。荣且利，中主犹且为之，有况于贤主乎？故割地宝器，(戈剑)卑辞屈服，不足以止攻，唯治为足。治则为利者不攻矣，为名者不伐矣。凡人之攻伐也，非为利则固为名也。名实不得，国虽强大，则无为攻矣。

兵所自来者久矣：尧战于丹水之浦，以服南蛮；舜却苗民，更易其俗；禹攻曹魏，〔启伐〕屈骜(有扈)，以行其教；三王以上，固皆用兵也。乱则用，治则止。治而攻之，不祥莫大焉；乱而弗讨，害民莫长焉。此治乱之化也，文武之所由起也。文者爱之征也，武者恶之表也。爱恶循义，文武有常，圣人之元也。譬之若寒暑之序，时至而事生之。圣人不能为时，而能以事适时。事适于时者其功大。

士尹池为荆使于宋,司城子罕觞之。南家之墙,犨于前而不直;西家之潦,径其宫而不止。士尹池问其故。司城子罕曰:“南家,工人也,为鞔者也。吾将徙之。其父曰:‘吾恃为鞔以食三世矣。今徙之,是宋国之求鞔者不知吾处也。吾将不食。愿相国之忧吾不食也。’为是故,吾弗徙也。西家高,吾宫庳,潦之经吾宫也利,故弗禁也。”士尹池归荆,荆王适兴兵而攻宋,士尹池谏于荆王曰:“宋不可攻也。其主贤,其相仁。贤者能得民,仁者能用人。荆国攻之,其无功而为天下笑乎!”故释宋而攻郑。孔子闻之曰:“夫脩之于庙堂之上,而折冲乎千里之外者,其司城子罕之谓乎?”宋在三大万乘之间。子罕之时,无所相侵,边境四益,相平公、元公、景公以终其身,其唯仁且节与?故仁节之为功大矣。(故)〔周〕明堂茅茨蒿柱,土阶三等,以见节俭。

赵简子将袭卫。使史默往睹之,期以一月。六月而后反。赵简子曰:“何其久也?”史默曰:“谋利而得害,犹弗察也?今蘧伯玉为相,史鰌佐焉,孔子为客,子贡使令于君前,甚听。《易》曰:‘涣其群,元吉。’涣者,贤也;群者,众也;元者,吉之始也;涣其群元吉者,其佐多贤也。”赵简子按兵而不动。凡谋者,疑也。疑则从义断事,从义断事则谋不亏,谋不亏则名实从之。贤主之举也,岂必旗偾将毙而乃知胜败哉?察其理而得失荣辱定矣。故三代之所贵,无若贤也。

达 郁

五曰——

凡人三百六十节,九窍五藏六府。肌肤欲其比也,血脉欲其通也,筋骨欲其固也,心志欲其和也,精气欲其行也,若此则病无所居而恶无由生矣。病之留、恶之生也,精气郁也。故水郁则为污,树郁则为蠹,草郁则为蒉。国亦有郁。主德不通,民欲不达,此国之郁也。国郁处久，则百恶并起，而万灾丛至矣。上下之相忍也，由此出矣。故圣王之贵豪士与忠臣也，为其敢直言而决郁塞也。

周厉王虐民，国人皆谤。召公以告曰："民不堪命矣。"王使卫巫监谤者，得则杀之。国〔人〕莫敢言，道路以目。王喜，以告召公曰："吾能弭谤矣。"召公曰："是障之也，非弭之也。防民之口，甚于防川；川壅而溃，败人必多。夫民犹是也。是故治川者决之使导，治民者宣之使言。是故天子听政，使公卿列士正谏，好学博闻献诗，蒙箴师诵，庶人传语，近臣尽规，亲戚补察，而后王斟酌焉。是以下无遗善，上无过举。今王塞下之口，而遂上之过，恐为社稷忧。"王弗听也。三年，国人流王于彘。此郁之败也。郁者，不阳也。周鼎著鼠，令马履之，为其不阳也。不阳者，亡国之俗也。

管仲觞桓公。日暮矣，桓公乐之而征烛。管仲曰："臣卜其昼，未卜其夜。君可以出矣。"公不说，曰："仲父年老矣，寡人与仲父为乐将几之？请夜之。"管仲曰："君过矣。夫厚于味者薄于德，沉于乐者反于忧；壮而怠则失时，老而解则无名。臣乃今将为君勉之，若何其沉于酒也？"管仲可谓能立行矣。凡行之堕也于乐，今乐而益饬；(行)〔理〕之坏也于贵，今主欲留而不许。伸志行理，贵乐弗为变，以事其主，此桓公之所以霸也。

列精子高听行乎齐湣王，善衣东布衣，白缟冠，颡推之履，特会朝雨袪步堂下，谓其侍者曰："我何若？"侍者曰："公姣且丽。"列精子高因步而窥于井，粲然恶丈夫之状也，喟然叹曰："侍者为吾听行于齐王也，夫何阿哉？又况于所听行乎万乘之主，人之阿之亦甚矣，而无所镜，其残亡无日矣。孰当可而镜？其唯士乎！人皆知说镜之明己也，而恶士之明己也。镜之明己也功细，士之明己也功大。得其细，失其大，不知类耳。"

赵简子曰："厥也爱我，铎也不爱我。厥之谏我也，必于无人之所；铎之谏我也，喜质我于人中，必使我丑。"尹铎对曰："厥也爱君之丑也，而不爱君之过也；铎也爱君之过也，而不爱君之丑也。臣尝闻相人于师，敦颜而土色者忍丑。不质君于人中，恐君之不变也。”此简子之贤也。人主贤则人臣之言刻。简子不贤，铎也卒不居赵地，有况乎在简子之侧哉？

行　论

六曰——

人主之行与布衣异，势不便，时不利，事雠以求存。〔人主〕执民之命。执民之命，重任也，不得以快志为故。故布衣行此，指于国，不容乡曲。

尧以天下让舜。鲧为诸侯，怒于尧曰：“得天之道者为帝，得地之道者为三公。今我得地之道，而不以我为三公。”以尧为失论，欲得三公。怒(甚)〔其〕猛兽，欲以为乱。比兽之角，能以为城；举其尾，能以为旌。召之不来，仿佯于野以患帝。舜于是殛之于羽山，副之以吴刀。禹不敢怨，而反事之，官为司空，以通水潦，颜色黎黑，步不相过，窍气不通，以中帝心。

昔者纣为无道，杀梅伯而醢之，杀鬼侯而脯之，以礼诸侯于庙。文王流涕而咨之。纣恐其畔，欲杀文王而灭周。文王曰：“父虽无道，子敢不事父乎？君虽不惠，臣敢不事君乎？孰王而可畔也？”纣乃赦之。天下闻之，以文王为畏上而哀下也。《诗》曰：“惟此文王，小心翼翼，昭事上帝，聿怀多福。”

齐攻宋，燕王使张魁将燕兵以从焉，齐王杀之。燕王闻之，泣数行而下，召有司而告之曰：“余兴事而齐杀我使，请(令)〔今〕举兵以攻齐也。”使受命矣。凡繇进见，争之曰：“贤主故愿为臣。今王非贤主也，愿辞不为臣。”昭王曰：“是何也？”对曰：“松下〔之〕乱，先君以不安，弃群臣也。王苦痛之而事齐者，力不足也。今魁死而王攻齐，是视魁而贤于先君。"王曰:"诺。""请王止兵。"王曰:"然则若何?"凡繇对曰:"请王缟素辟舍于郊,遣使于齐,客而谢焉,曰:'此尽寡人之罪也。大王贤主也,岂尽杀诸侯之使者哉?然而燕之使者独死,此弊邑之择人不谨也。愿得变更请罪。'"使者行至齐。齐王方大饮,左右官实,御者甚众,因令使者进报。使者报言燕王之甚恐惧而请罪也,毕,又复之,以矜左右官实。因乃发小使以反令燕王复舍。此济上之所以败,齐国以虚也。七十城,微田单固几不反。湣王以大齐骄而残,田单以即墨城而立功。《诗》曰"将欲毁之,必重累之;将欲踣之,必高举之",其此之谓乎?累矣而不毁,举矣而不踣,其唯有道者乎!

楚庄王使文无畏于齐,过于宋,不先假道。还反,华元言于宋昭公曰:"往不假道,来不假道,是以宋为野鄙也。楚之会田也,故鞭君之仆于孟诸。请诛之。"乃杀文无畏于扬梁之堤。庄王方削袂,闻之曰:"嘻!"投袂而起,履及诸庭,剑及诸门,车及之蒲疏之市,遂舍于郊,兴师围宋九月。宋人易子而食之,析骨而爨之。宋公肉袒执牺,委服告病,曰:"大国若宥图之,唯命是听。"庄王曰:"情矣宋公之言也。"乃为却四十里,而舍于卢门之阖,所以为成而归也。凡事之本在人主,人主之患,在先事而简人,简人则事穷矣。今人臣死而不当,亲帅士民以讨其(故)〔敌〕,可谓不简人矣。宋公〔委〕服以病告而还师,可谓不穷〔人〕矣。夫(舍)〔合〕诸侯于汉阳而饮至者,其以义进退邪?强不足以成此也。

骄　恣

七曰——

亡国之主,必自骄,必自智,必轻物。自骄则简士,自智则专独,轻物则无备。无备召祸,专独位危,简士壅塞。欲无壅塞必礼士,欲位无危必得众,欲无召祸必完备。三者人君之大经也。

晋厉公侈淫,好听谗人,欲尽去其大臣而立其左右。胥童谓厉公曰:“必先杀三郄。族大多怨,去大族不逼。”公曰:“诺。”乃使长鱼矫杀郄犨、郄锜、郄至于朝而陈其尸。于是厉公游于匠丽氏,栾书、中行偃劫而幽之,诸侯莫之救,百姓莫之哀,三月而杀之。人主之患,患在知能害人,而不知害人之不当而反自及也。是何也?智短也。智短则不知化,不知化者举自危。

魏武侯谋事而当,攘臂疾言于庭曰:“大夫之虑莫如寡人矣!”立有间,再三言。李悝趋进曰:“昔者楚庄王谋事而当,有大功,退朝而有忧色。左右曰:‘王有大功,退朝而有忧色,敢问其说?’王曰:‘仲虺有言,不穀说之。曰:诸侯之德,能自为取师者王,能自取友者存,其所择而莫如己者亡。今以不穀之不肖也,群臣之谋又莫吾及也,我其亡乎?’曰〔大夫之虑莫如君〕,此霸王之所忧也,而君独伐之,其可乎?”武侯曰:“善。”人主之患也,不在于自少,而在于自多。自多则辞受,辞受则原竭。李悝可谓能谏其君矣,壹称而令武侯益知君人之道。

齐宣王为大室,大益百亩,堂上三百户。以齐之大,具之三年而未能成。群臣莫敢谏(王)〔者〕。春居问于宣王曰:“荆王释先王之礼乐而乐为轻,敢问荆国为有主乎?”王曰:“为无主。”“(贤)〔朝〕臣以千数而莫敢谏,敢问荆国为有臣乎?”王曰:“为无臣。”“今王为大室,其大益百亩,堂上三百户。以齐国之大,具之三年而弗能成。群臣莫敢谏,敢问王为有臣乎?”王曰:“为无臣。”春居曰:“臣请辟矣。”趋而出。王曰:“春子!春子反!何谏寡人之晚也?寡人请今止之。”遽召掌书曰:“书之:寡人不肖,而好为大室,春子止寡人。”箴谏不可不熟。莫敢谏(若)〔者〕,非弗欲也。春居之所以欲之与人同,其所以入之与人异。宣王微春居,几为天下笑矣。由是论之,失国之主,多如宣王。然患在乎无春居。故忠臣之谏者,亦从入之,不可不慎,此得失之本也。

赵简子沉鸾徼于河,曰:“吾尝好声色矣,而鸾徼致之。吾尝好宫室台榭矣,而鸾徼为之。吾尝好良马善御矣,而鸾徼来之。今吾好士六年矣,而鸾徼未尝进一人也,是长吾过而绌善也。”故若简子者,能后以理督责于其臣矣。以理督责于其臣,则人主可与为善,而不可与为非;可与为直,而不可与为枉;此三代之盛教。

观 表

八曰——

凡论人心,观事传,不可不熟,不可不深。天为高矣,而日月星辰云气雨露未尝休矣;地为大矣,而水泉草木毛羽裸鳞未尝息也。凡居于天地之间、六合之内者,其务为相安利也,夫为相害危者,不可胜数。人事皆然。事随心,心随欲。欲无度者,其心无度;心无度者,则其所为不可知矣。人之心隐匿难见,渊深难测,故圣人于事〔观〕志焉。圣人之所以过人以先知,先知必审征表,无〔审〕征表而欲先知,尧、舜与众人同等。征虽易,表虽难,圣人则不可以飘矣,众人则无道至焉。无道至则以为神,以为幸。非神非幸,其数不得不然。郈成子、吴起近之矣。

郈成子为鲁聘于晋,过卫,右宰穀臣止而觞之,陈乐而不乐,酒酣而送之以璧,顾反,过而弗辞,其仆曰:“向者右宰穀臣之觞吾子也甚欢,今侯渫过而弗辞?”郈成子曰:“夫止而觞我,与我欢也;陈乐而不乐,告我忧也;酒酣而送我以璧,寄之我也。(若)由是观之,卫其有乱乎?”倍卫三十里,闻宁喜之难作,右宰穀臣死之。还车而临,三举而归。至,使人迎其妻子,隔宅而异之,分禄而食之,其子长而反其璧。孔子闻之曰:“夫智可(以)〔与〕微谋、仁可(以)〔与〕托〔孤,廉可与寄〕财者,其郈成子之谓乎!”郈成子之观右宰穀臣也,深矣妙矣,不观其事而观其志,可谓能观人矣。

吴起治西河之外,王错谮之于魏武侯,武侯使人召之。吴起至于岸门,止车而休,望西河,泣数行而下。其仆谓之曰:“窃观公之志,视舍天下若舍屣。今去西河而泣,何也?”吴起雪泣而应之,曰:“子弗识也。君诚知我,而使我毕能,秦必可亡,而西河可以王。今君听谗人之议,而不知我,西河之为秦也不久矣,魏国从此削矣。”吴起果去卫入荆,而西河毕入秦,魏日以削,秦日益大。此吴起之所以先见而泣也。

古之善相马者:寒风是相口齿,麻朝相颊,子女厉相目,卫忌相髭,许鄙相尻,投伐褐相胸胁,管青相膹肳,陈悲相股脚,秦牙相前,赞君相后。凡此十人者,皆天下之良工也,其所以相者不同,见马之一征也,而知节之高卑,足之滑易,材之坚脆,能之长短。非独相马然也,人亦有征,事与国皆有征。圣人上知千岁,下知千岁,非意之也,盖有自云也。绿图幡薄,从此生矣。

卷二十一 开春论第一

开 春

一曰——

开春始雷则蛰虫动矣,时雨降则草木育矣,饮食居处适则九窍百节千脉皆通利矣。王者厚其德,积众善,而凤皇圣人皆来至矣。共伯(和)修其行,好贤仁,而海内皆(以)来(为)稽矣。周厉之难,天子旷绝,而天下皆来谓矣。以(此)言物之相应也,故曰行(也)〔以〕成也。善说者亦然,言尽理而得失利害定矣,岂为一人言哉?

魏惠王死,葬有日矣。天大雨雪,至于牛目。群臣多谏于太子者曰:“雪甚。如此而行葬,民必甚疾之,官费又恐不给。请弛期更日。”太子曰:“为人子者,以民劳与官费用之故,而不行先王之葬,不义也。子勿复言。”群臣皆莫敢谏,而以告犀首。犀首曰:“吾未有以言之。是其唯惠公乎?请告惠公。”惠公曰:“诺。”驾而见太子曰:“葬有日矣。”太子曰:“然。”惠公曰:“昔王季历葬于涡山之尾,栾水啮其墓,见棺之前和。文王曰:‘嘻!先君必欲一见群臣百姓也夫!故使栾水见之。’于是出而为之张朝,百姓皆见之,三日而后更葬,此文王之义也。今葬有日矣,而雪甚,及牛目,难以行,太子为及日之故,得无嫌于欲亟葬乎?愿太子易日。先王必欲少留而抚社稷安黔首也,故使雨雪甚。因弛期而更为日,此文王之义也。若此而不为,意者羞法文王也?”太子曰:“甚善。敬弛期,更择葬日。”惠子不徒行说也,又令魏太子未葬其先君而因有说文王之义。说文王之义以示天下,岂小功也哉!

韩氏城新城，期十五日而成。段乔为司空。有一县后二日，段乔执其吏而囚之。囚者之子走告封人子高曰："唯先生能活臣父之死，愿委之先生。"封人子高曰："诺。"乃见段乔，自扶而上城。封人子高左右望曰："美哉城乎！一大功矣。子必有厚赏矣。自古及今，功若此其大也，而能无有罪戮者，未尝有也。"封人子高出，段乔使人夜解其吏之束缚也而出之。故曰封人子高为之〔而〕言也，(而)匿己之(为)〔言〕而(为)〔言〕也；段乔听而行之也，匿己之行而行也。说之行若此其精也。封人子高可谓善说矣。

叔向之弟羊舌虎善栾盈，栾盈有罪于晋，晋诛羊舌虎，叔向为之奴而朡。祈奚曰："吾闻小人得位，不争不祥；君子在忧，不救不祥。"乃往见范宣子而说(也)〔之〕，曰："闻善为国者，赏不过而刑不慢。赏过则惧及淫人，刑慢则惧及君子。与其不幸而过，宁过而赏淫人，毋过而刑君子。故尧之刑也，殛鲧于(虞)〔羽山〕而用禹；周之刑也，戮管、蔡而相周公；不慢刑也。"宣子乃命吏出叔向。救人之患者，行危苦，不避烦辱，犹不能免。今祈奚论先王之德，而叔向得免焉。学岂可以已哉？类多若此。

察　贤

二曰——

今有良医于此，治十人而起九人，所以求之万也。故贤者之致功名也，必乎良医，而君人者不知疾求，岂不过哉？今夫塞者，勇力、时日、卜筮、祷祠无事焉，善者必胜。立功名亦然，要在得贤。魏文侯师卜子夏，友田子方，礼段干木，国治身逸。天下之贤主，岂必苦形愁虑哉？执其要而已矣。雪霜雨露时，则万物育矣，人民修矣，疾病妖厉去矣。故曰尧之容若委衣裘，以言少事也。

宓子贱治单父，弹鸣琴，身不下堂而单父治。巫马期以星出，以星入，日夜不居，以身亲之，而单父亦治。巫马期问其故于宓子。宓子曰："我之谓任人，子之谓任力。任力者故劳，任人者故逸。"宓子则君子矣，逸四肢，全耳目，平心气，而百官以治，〔人民以〕义矣，任其数而已矣。巫马期则不然，弊生事精，劳手足，烦教诏，虽治犹未至也。

期　贤

三曰——

今夫爚蝉者，务在乎明其火，振其树而已。火不明，虽振其树，何益？明（火）不独在乎火，在于暗。当今之时世暗甚矣，人主有能明其德者，天下之士，其归之也，若蝉之走明火也。凡国不徒安，名不徒显，必得贤士。

赵简子昼居，喟然太息曰："异哉！吾欲伐卫十年矣，而卫不伐。"侍者曰："以赵之大，而伐卫之细，君若不欲则可也。君若欲之，请令伐之。"简子曰："不如而言也。卫有士十人于吾所。吾乃且伐之，十人者（其言）〔言其〕不义也，而我伐之，是我为不义也。"故简子之时，卫以十人者按赵之兵，殁简子之身。卫可谓知用人矣，游十士而国家得安。简子可谓好从谏矣，听十士而无侵小夺弱之名。

魏文侯过段干木之闾而轼之，其仆曰："君胡为轼？"曰："此非段干木之闾欤？段干木盖贤者也，吾安敢不轼？且吾闻段干木未尝肯以己易寡人也，吾安敢骄之？段干木光乎德，寡人光乎地；段干木富乎义，寡人富乎财。"其仆曰："然则君何不相之？"于是君请相之，段干木不肯受。则君乃致禄百万，而时往馆之。于是国人皆喜，相与诵之曰："吾君好正，段干木之敬；吾君好忠，段干木之隆。"居无几何？秦兴兵欲攻魏，司马唐谏秦君曰："段干木贤者也，而魏礼之，天下莫不闻，无乃不可加兵乎！"秦君以为然，乃按兵辍不（敢）攻之。

魏文侯可谓善用兵矣。尝闻君子之用兵，莫见其形，其功已成，其此之谓也。野人之用兵也，鼓声则似雷，号呼则动地，尘气充天，流矢如雨，扶伤舆死，履肠涉血，无罪之民其死者量于泽矣，而国之存亡、主之死生犹不可知也，其离仁义亦远矣。

审　为

四曰——

身者所为也，天下者所以为也，审所以为而轻重得矣。今有人于此，断首以易冠，杀身以易衣，世必惑之。是何也？冠所以饰首也，衣所以饰身也，杀所饰、要所以饰，则不知所为矣。世之走利，有似于此。危身伤生、刈颈断头以徇利，则亦不知所为也。

太王亶父居邠，狄人攻之，事以皮帛而不受，事以珠玉而不肯，狄人之所求者地也。太王亶父曰："与人之兄居而杀其弟，与人之父处而杀其子，吾不忍(为)也。皆勉处矣，为吾臣与〔为〕狄人臣奚以异？且吾闻之：不以所以养害所养。"杖策而去，民相连而从之，遂成国于岐山之下。太王亶父可谓能尊生矣。能尊生，虽贵富不以养伤身，虽贫贱不以利累形。今〔世之人〕受其先人之爵禄，则必重失之。生之所自来者久矣，而轻失之，岂不惑哉？

韩、魏相与争侵地，子华子见昭釐侯，昭釐侯有忧色。子华子曰："今使天下书铭于君之前，书之曰：'左手攫之则右手废，右手攫之则左手废，然而攫之必有天下。'君将攫之乎？亡其不与？"昭釐侯曰："寡人不攫也。"子华子曰："甚善。自是观之，两臂重于天下也，身又重于两臂。韩之轻于天下远，今之所争者，其轻于韩又远，君固愁身伤生以忧(之臧)〔臧之〕不得也？"昭釐侯曰："善。教寡人者众矣，未尝得闻此言也。"子华子可谓知轻重矣。知轻重，故论不过。

中山公子牟谓詹子曰："身在江海之上，心居乎魏阙之下，奈何?”詹子曰:“重生。重生则轻利。”中山公子牟曰:“虽知之,犹不能自胜也。”詹子曰:“不能自胜则纵之,神无恶乎。不能自胜而强不纵者,此之谓重伤,重伤之人无寿类矣。”

爱 类

五曰——

仁于他物,不仁于人,不得为仁;不仁于他物,独仁于人,犹若为仁。仁也者,仁乎其类者也。故仁人之于民也,可以便之,无不行也。《神农之教》曰:“士有当年而不耕者,则天下或受其饥矣;女有当年而不绩者,则天下或受其寒矣。”故身亲耕,妻亲绩,所以见致民利也。贤人之不远海内之路,而时往来乎王公之朝,非以要利也,以民为务故也。人主有能以民为务者,则天下归之矣。王也者,非必坚甲利兵选卒练士也,非必隳人之城郭、杀人之士民也。上世之王者众矣,而事皆不同。其当世之急、忧民之利、除民之害同。

公输般为(高)云梯,欲以攻宋。墨子闻之,自鲁往,裂裳裹足,日夜不休,十日十夜而至于郢,见荆王曰:“臣北方之鄙人也,闻大王将攻宋,信有之乎?”王曰:“然。”墨子曰:“必得宋乃攻之乎?亡其不得宋且不义犹攻之乎?”王曰:“必不得宋,且有不义,则曷为攻之?”墨子曰:“甚善。臣以宋必不可得。”王曰:“公输般,天下之巧工也,已为攻宋之械矣。”墨子曰:“请令公输般试攻之,臣请试守之。”于是公输般设攻宋之械,墨子设守宋之备。公输般九攻之,墨子九却之,不能入,故荆辍不攻宋。〔故曰〕墨子能以术御荆,免宋之难者,此之谓也。

圣王通士不出于利民者无有。昔上古龙门未开,吕梁未发,河出孟门,大溢逆流,无有丘陵沃衍、平原高阜,尽皆灭之,名曰鸿水。禹于是疏河决江,为彭蠡之障,干东土,所活者千八百国,此禹之功也,勤劳为民,无苦乎禹者矣。

匡章谓惠子曰:“齐王之所以用兵而不休,攻击人而不止者,其故何也?”惠子曰:“大者可以王,其次可以霸也。”匡章曰:“公之学去(尊)〔争〕,今又王齐王,何其到也?”惠子曰:“今有人于此,欲必击其爱子之头,石可以代之。(匡章曰)公取之代乎,其不与?”〔匡章曰:〕“施取代之。子头所重也,石所轻也。击其所轻以免其所重,岂不可哉?”(匡章曰:齐王之所以用兵而不休,攻击人而不止者,其故何也?)惠子曰:(大者可以王,其次可以霸也,)“今可以王齐王而寿黔首之命,免民之死,是以石代爱子头也,何为不为?”民寒则欲火,暑则欲冰,燥则欲湿,湿则欲燥。寒暑燥湿相反,其于利民一也。利民岂一道哉?当其时而已矣。

贵　卒

六曰——

力贵突,智贵卒。得之同则速为上,胜之同则溼为下。所为贵骥者,为其一日千里也,旬日取之,与驽骀同。所为贵镞矢者,为其应声而至,终日而至,则与无至同。

吴起谓荆王曰:“荆所有馀者地也,所不足者民也。今君王以所不足益所有馀,臣不得而为也。”于是令贵人往实广虚之地,皆甚苦之。荆王死,贵人皆来,尸在堂上,贵人相与射吴起。吴起号呼曰:“吾示子吾用兵也。”拔矢而走,伏尸插矢而疾言曰:“群臣乱王。”吴起死矣。且荆国之法,丽兵于王尸者,尽加重罪,逮三族。吴起之智,可谓捷矣。

齐襄公即位,憎公孙无知,收其禄。无知不说,杀襄公,公子纠走鲁,公子小白奔莒。既而国〔人〕杀无知,未有君,公子纠与公子小白皆归,俱至,争先入公家。管仲扞弓射公子小白,中钩。鲍叔御,

〔令〕公子小白僵。管子以为小白死，告公子纠曰："安之。公子小白已死矣。"鲍叔因疾驱先入，故公子小白得以为君。鲍叔之(智)应射而令公子小白僵也，其智若镞矢也。

周武君使人刺伶悝于东周，伶悝僵，令其子速哭曰："以谁刺〔杀〕我父也?"刺者闻，以为死也，〔以报周君。〕周〔君〕以为不信，因厚罪之。

赵氏攻中山。中山之人多力者曰吾丘鸩，衣铁甲、操铁杖以战，而所击无不碎，所冲无不陷，以车投车，以人投人也，几至将所而后死。

卷二十二　慎行论第二

慎　行

一曰——

行不可不孰。不孰，如赴深溪，虽悔无及。君子计行虑义，小人计行其利，乃不利。有知不利之利者，则可与言理矣。

荆平王有臣曰费无忌，害太子建，欲去之。王为建取妻于秦而美，无忌劝王夺〔之〕。王已夺之，而疏太子。无忌说王曰："晋之霸也，近于诸夏，而荆僻也，故不能与争。不若大城城父而置太子焉，以求北方，王收南方，是得天下也。"王说，使太子居于城父。居一年，乃恶之曰："建与连尹将以方城外反。"王曰："已为我子矣，又尚奚求？"对曰："以妻事怨。且自以为犹宋也，齐、晋又辅之，将以害荆，其事已集矣。"王信之，使执连尹。太子建出奔。左尹郄宛，国人说之。无忌又欲杀之，谓令尹子常曰："郄宛欲饮令尹酒。"又谓郄宛曰："令尹欲饮酒于子之家。"郄宛曰："我贱人也，不足以辱令尹。令尹必来辱，我且何以给待之？"无忌曰："令尹好甲兵，子出而寘之门，令尹至，必观之，已，因以为酬。"及飨日，帷门左右而置甲兵焉。无忌因谓令尹曰："吾几祸令尹。郄宛将杀令尹，甲在门矣。"令尹使人视之，信，遂攻郄宛，杀之。国人大怨，动(作)〔胙〕者莫不非令尹。沈尹戌谓令尹曰："夫无忌，荆之谗人也，(亡夫)〔丧〕太子建，杀连尹奢，屏王之耳目，今令尹又用之，杀众不辜，以兴大谤，患几及令尹。"令尹子常曰："是吾罪也，敢不良图。"乃杀费无忌，尽灭其族，以说其国。动而不论其义，知害人而不知人害己也，以灭其族，费无忌之谓乎！

崔杼与庆封谋杀齐庄公，庄公死，更立景公，崔杼相之。庆封又欲杀崔杼而代之相，于是掾崔杼之子，令之争后。崔杼之子相与私閧，崔杼往见庆封而告之。庆封谓崔杼曰："且留，吾将兴甲以杀之。"因令卢满嫳兴甲以诛之，尽杀崔杼之妻子及枝属，烧其室屋，报崔杼曰："吾已诛之矣。"崔杼归无归，因而自绞也。庆封相景公，景公苦之。庆封出猎，景公与陈无宇、公孙灶、公孙虿诛封。庆封以其属斗，不胜，走如鲁。齐人以为让，又去鲁而如吴，〔吴〕王予之朱方。荆灵王闻之，率诸侯以攻吴，围朱方，拔之，得庆封，负之斧质，以徇于诸侯军，因令其呼之曰："毋或如齐庆封，弑其君而弱其孤，以亡其大夫。"乃杀之。黄帝之贵而死，尧、舜之贤而死，孟贲之勇而死，人固皆死。若庆封者，可谓重死矣。身为僇，支属不可以(见)〔完〕，行忮之故也。凡乱人之动也，其始相助，后必相恶。为义者则不然，始而相与，久而相信，卒而相亲，后世以为法程。

无 义

二曰——

先王之于论也极之矣，故义者百事之始也，万利之本也，中智之所不及也。不及则不知，不知〔则〕趋利。趋利固不可必也，公孙鞅、郑平、续经、公孙竭是已。以义动则无旷事矣。人臣与人臣谋为奸，犹或与之。又况乎人主与其臣谋为义，其孰不与者？非独其臣也，天下皆且与之。

公孙鞅之于秦，非父兄也，非有故也，以能用也，欲堙之责，非攻无以，于是为秦将而攻魏。魏使公子卬将而当之。公孙鞅之居魏也，固善公子卬，使人谓公子卬曰："凡所为游而欲贵者，以公子之故也。今秦令鞅将，魏令公子当之，岂且忍相与战哉？公子言之公子之主，鞅请亦言之主，而皆罢军。”于是将归矣，使人谓公子曰：“归未有时相见，愿与公子坐而相去别也。”公子曰：“诺。”魏吏争之曰：“不可。”公子不听，遂相与坐。公孙鞅因伏卒与车骑以取公子卬。秦孝公薨，惠王立，以此疑公孙鞅之行，欲加罪焉。公孙鞅以其私属与母归魏。襄疵不受，曰：“以君之反公子卬也，吾无道知君。”故士自行不可不审也。

郑平于秦王臣也，其于应侯交也，欺交反主，为利故也。方其为秦将也，天下所贵之无不以者，重也。重以得之，轻必失之。去秦将，入赵、魏，天下所贱之无不以也，所可羞无不以也。行方可贱可羞，而无秦将之重，不穷奚待？

赵急求李欬，李言续经与之俱如卫，抵公孙与，公孙与见而与入，续经因告卫吏使捕之，续经以仕赵五大夫，人莫与同朝，子孙不可以交友。

公孙竭与阴君之事，而反告之樗里相国，以仕秦五大夫，功非不大也，然而不得入三都，又况乎无此（其）功而有〔其〕行乎？

疑　似

三曰——

使人大迷惑者，必物之相似〔者〕也。玉人之所患，患石之似玉者；相剑者之所患，患剑之似吴干者；贤主之所患，患人之博闻辩言而似通者。亡国之主似智，亡国之臣似忠。相似之物，此愚者之所大惑，而圣人之所加虑也。故墨子〔见练丝而泣之，为其可以黄可以黑；杨子〕见岐道而哭之，〔为其可以南可以北。〕

周宅酆镐近戎人，与诸侯约，为高（葆祷）〔堡垛〕于王路，置鼓其上，远近相闻，即戎寇至，传鼓相告，诸侯之兵皆至救天子。戎寇（当）〔尝〕至，幽王击鼓，诸侯之兵皆至，褒姒大说〔而笑〕，喜之。幽王欲褒姒之笑也,因数击鼓,诸侯之兵数至而无寇。至于后戎寇真至,幽王击鼓,诸侯兵不至。幽王之身,乃死于丽山之下,为天下笑。此夫以无寇失真寇者也。贤者有〔小善以致大善,不肖者有〕小恶以致大恶。褒姒之败,乃令幽王好小说以致大灭。故形骸相离,三公九卿出走,此褒姒之所用死,而平王所以东徙也,秦襄、晋文之所以劳王(劳)而赐地也。

梁北有黎丘部,有奇鬼焉,(喜)〔善〕效人之子(侄)〔姓〕昆弟之状。邑丈人有之市而醉归者,黎丘之鬼效其子之状,扶而道苦之。丈人归,酒醒而诮其子,曰:"吾为汝父也,岂谓不慈哉?我醉,汝道苦我,何故?"其子泣而触地曰:"孽矣!无此事也。昔也往责于东邑人可问也。"其父信之,曰:"嘻!是必夫奇鬼也,我固尝闻之矣。"明日端复饮于市,欲遇而刺杀之。明旦之市而醉,其真子恐其父之不能反也,遂逝迎之。丈人望其真子,拔剑而刺之。丈人智惑于似其子者,而杀于真子。夫惑于似士者而失于真士,此黎丘丈人之智也。疑似之迹,不可不察。察之必于其人也。舜为御,尧为左,禹为右,入于泽而问牧童,入于水而问渔师,奚故也?其知之审也。夫(人)〔孪〕子之相似者,其母常识之,知之审也。

壹　行

四曰——

先王所恶,无恶于不可知,不可知则君臣、父子、兄弟、朋友、夫妻之际败矣。十际皆败,乱莫大焉。凡人伦以十际为安者也,释十际则与麋鹿虎狼无以异,多勇者则为制耳矣。不可知则(知)无安君、无乐亲矣,无荣兄、无亲友,无尊夫矣。

强大未必王也,而王必强大。王者之所藉以成也何?藉其威与其利。非强大则其威不威,其利不利。其威不威则不足以禁也,其利不利则不足以劝也,故贤主必使其威利无敌,故以禁则必止,以劝则必为。威利敌,而忧苦民、行可知者王;威利无敌,而以行不〔可〕知者亡。小弱而〔行〕不可知,则强大疑之矣。人之情不能爱其所疑,小弱而〔强〕大不爱则无以存。故不可知之道,王者行之废,强大行之危,小弱行之灭。

今行者见大树,必解衣悬冠倚剑而寝其下。大树非人之情亲知交也,而安之若此者信也。陵上巨木,人以为期,易知故也。又况于士乎?士义可知故也,则期为必矣。又况强大之国?强大之国诚可知,则其王不难矣。

人之所〔以〕乘船者,为其能浮而不能沉也;世之所以贤君子者,为其能行义而不能行邪辟也。

孔子卜,得《贲》。孔子曰:“不吉。”子贡曰:“夫贲亦好矣,何谓不吉乎?”孔子曰:“夫白而白,黑而黑,夫贲又何好乎?”故贤者所恶于物,无恶于无处。

夫天下之〔士〕所(以)恶,莫恶于不可知也。夫不可知,盗不与期,贼不与谋。盗贼大奸也,而犹(所得)〔得所〕匹偶,又况于欲成大功乎?夫欲成大功,令天下皆轻劝而助之,必之士可知。

求　人

五曰——

身定,国安,天下治,必贤人。古之有天下(也)者,七十一圣。观于《春秋》,自鲁隐公以至哀公十有二世,其所以得之,所以失之,其术一也。得贤人,国无不安,名无不荣;失贤人,国无不危,名无不辱。先王之索贤人无不以也,极卑极贱,极远极劳。虞用宫之奇,吴用伍子胥之言,此二国者,虽至于今存可也,则是国可寿也。有能益人之寿者,则人莫不愿之。今寿国有道,而君人者而不求,过矣。

尧传天下于舜，礼之诸侯，妻以二女，臣以十子，身请北面朝之，至卑也。伊尹，庖厨之臣也；傅说，殷之胥靡也。皆上相天子，至贱也。禹东至榑木之地，日出(九)〔之〕津、青羌之野，攒树之所，揰天之山，鸟谷、青丘之乡，黑齿之国；南至交趾、孙朴、续樠之国，丹粟、漆树、沸水、漂漂、九阳之山，羽人、裸民之处，不死之乡；西至三危之国，巫山之下，饮露、吸气之民，积金之山，共肱、一臂、三面之乡；北至人正之国，夏海之穷，衡山之上，犬戎之国，夸父之野，禺强之所，积水、积石之山。不有懈堕，忧其黔首，颜色黎黑，窍藏不通，步不相过，以求贤人，欲尽地利，至劳也。得〔皋〕陶、化益、真窥、横革、之交五人佐禹，故功绩铭乎金石，著于盘盂。

昔者尧朝许由于沛泽之中，曰："十日出〔矣〕，而焦火不息，〔其于光也，不亦难乎？时雨降矣，而犹浸灌，其于泽也，〕不亦劳乎？夫子为天子，而天下已治矣，请属天下于夫子。"许由辞曰："为天下之不治与？而既已治矣。自为与？啁噍巢于林，不过一枝；偃鼠饮于河，不过满腹。归已君乎！恶用天下？"遂之箕山之下，颍水之阳，耕而食，终身无经天下之色。故贤主之于贤者也，物莫之妨，戚爱习故，不以害之，故贤者聚焉。贤者所聚，天地不坏，鬼神不害，人事不谋，此五常之本事也。

皋子众疑取国，召南宫虔、孔伯产而众口止。

晋人欲攻郑，令叔向聘焉，视其有人与无人。子产为之诗曰："子惠思我，褰裳涉洧；子不我思，岂无他士？"叔向归曰："郑有人，子产在焉，不可攻也。秦、荆近，其诗有异心，不可攻也。"晋人乃辍攻郑。孔子曰："《诗》云：'无竞惟人。'子产一称而郑国免。"

察传

六曰——

夫得言不可以不察,数传而白为黑,黑为白。故狗似玃,玃似母猴,母猴似人,人之与狗则远矣。此愚者之所以大过也。闻而审则为福矣,闻而不审,不若无闻矣。齐桓公闻管子于鲍叔,楚庄闻孙叔敖于沈尹筮,审之也,故国〔治〕霸诸侯也。吴王闻越王句践于太宰嚭,智伯闻赵襄子于张武,不审也,故国亡身死也。

凡闻言必熟论,其于人必验之以理。鲁哀公问于孔子曰:"乐正夔一足,信乎?"孔子曰:"昔者舜欲以乐传教于天下,乃令重黎举夔于草莽之中而进之,舜以为乐正。夔于是正六律,和五声,以通八风,而天下大服。重黎又欲益求人,舜曰:'夫乐,天地之精也,得失之节也,故唯圣人为能和。〔和,〕乐之本也。夔能和之,以平天下。若夔者一而足矣。'故曰夔一足,非一足也。"宋之丁氏,家无井而出溉汲,常一人居外。及其家穿井,告人曰:"吾穿井得一人。"有闻而传之者曰:"丁氏穿井得一人。"国人道之,闻之于宋君,宋君令人问之于丁氏,丁氏对曰:"得一人之使,非得一人于井中也。"求能之若此,不若无闻也。

子夏之晋,过卫,有读史记者曰:"晋师三豕涉河。"子夏曰:"非也,是己亥也。夫'己'与'三'相近,'豕'与'亥'相似。"至于晋而问之,则曰:"晋师己亥涉河"也。辞多类非而是,多类是而非。是非之经,不可不分,此圣人之所慎也。然则何以慎?缘物之情及人之情以为所闻,则得之矣。

卷二十三　贵直论第三

贵　直

一曰——

贤主所贵莫如士。所以贵士,为其直言也。言直则枉者见矣。人主之患,欲闻枉而恶直言,是障其源而欲其(水)〔流〕也,水奚自至?是贱其所欲而贵其所恶也,所欲奚自来?

能意见齐宣王。宣王曰:“寡人闻子好直,有之乎?”对曰:“意恶能直?意闻好直之士,家不处乱国,身不见污君。(身今)〔今身〕得见王,而家宅乎齐,意恶能直?”宣王怒曰:“野士也!”将罪之。能意曰:“臣少而好(事)〔争〕,长而行之,王胡不能与野士乎,将以彰其所好耶?”王乃舍之。能意者,使谨乎论于主之侧,亦必不阿主。不阿主,〔主〕之所得岂少哉?此贤主之所求,而不肖主之所恶也。

狐援说齐湣王曰:“殷之鼎陈于周之廷,其社盖于周之屏,其干戚之音,(在)〔充〕人之游。亡国之音,不得至于庙;亡国之社,不得见于天;亡国之器陈于廷,所以为戒。王必勉之。其无使齐之大吕陈之廷,无使太公之社盖之屏,无使齐音,充人之游。”齐王不受,狐援出而哭国三日,其辞曰:“先出也,衣絺纻;后出也,满囹圄。吾今见民之洋洋然东走而不知所处。”齐王问吏曰:“哭国之法若何?”吏曰:“斫。”王曰:“行法。”吏陈斧质于东闾,不欲杀之,而欲去之。狐援闻而蹶往过之。吏曰:“哭国之法斫。先生之老欤昏欤?”狐援曰:“曷为昏哉?”于是乃言曰:“有人自南方来,鲋入而鲵居,使人之朝为草而国为墟。殷有比干,吴有子胥,齐有狐援。已不用若言,又斫之东间。每斫者以吾参夫二子者乎!”狐援非乐斫也,国已乱矣,上已悖矣,哀社稷与民人,故出若言。出若言非平论也,将以救败也,固嫌于危。此触子之所以去之也,达子之所以死之也。

赵简子攻卫附郭,自将兵。及战,且远立,又居于犀蔽(屏)〔屖〕橹之下,鼓之而士不起,简子投桴而叹曰:“呜呼!士之速弊一若此乎?”行人烛过免胄横戈而进曰:“亦有君不能耳,士何弊之有?”简子艴然作色曰:“寡人之无使,而身自将是众也,子亲谓寡人之无能,有说则可,无说则死。”对曰:“昔吾先君献公即位五年,兼国十九,用此士也。惠公即位二年,淫色暴慢,身好玉女,秦人袭我,逊去绛七十〔里〕,用此士也。文公即位二年,(底)〔砥〕之以勇,故三年而士尽果敢;城濮之战,五败荆人;围卫取曹,拔石社;定天子之位,成尊名于天下;用此士也。亦有君不能耳,士何弊之有?”简子乃去犀蔽(屏)〔屖〕橹而立于矢石之所及,一鼓而士毕乘之。简子曰:“与吾得革车千乘也,不如闻行人烛过之一言。”行人烛过可谓能谏其君矣,战斗之上,枹鼓方用,赏不加厚,罚不加重,一言而士皆乐为其上死。

直　谏

二曰——

言极则怒,怒则说者危,非贤者孰肯犯危?而非贤者也,将以要利矣。要利之人,犯危何益?故不肖主无贤者。无贤〔者〕则不闻极言,不闻极言则奸人比周、百邪悉起,若此则无以存矣。凡国之存也,主之安也,必有以也。不知所以,虽存必亡,虽安必危,所以不可不论也。

齐桓公、管仲、鲍叔、宁戚相与饮酒酣,桓公谓鲍叔曰:“何不起为寿?”鲍叔奉杯而进曰:“使公毋忘出奔在于莒也,使管仲毋忘束缚而在于鲁也，使宁戚毋忘其饭牛而居于车下。”桓公避席再拜曰：“寡人与大夫能皆毋忘夫子之言，则齐国之社稷幸于不殆矣。”当此时也，桓公可与言极言矣。可与言极言，故可与为霸。

荆文王得茹黄之狗，宛路之矰，以畋于云梦，三月不反；得丹之姬，淫，期年不听朝。葆申曰：“先王卜以臣为葆，吉。今王得茹黄之狗，宛路之矰，畋三月不反；得丹之姬，淫，期年不听朝。王之罪当笞。”王曰：“不谷免衣襁褓而齿于诸侯，愿请变更而无笞。”葆申曰：“臣承先王之令，不敢废也。王不受笞，是废先王之令也。臣宁抵罪于王，毋抵罪于先王。”王曰：“敬诺。”引席，王伏。葆申束细荆五十，跪而加之于背，如此者再，谓“王起矣”，王曰：“有笞之名一也。”遂致之。申曰：“臣闻君子耻之，小人痛之。耻之不变，痛之何益？”葆申趣出，自流于渊，请死罪。文王曰：“此不谷之过也。葆申何罪？”王乃变更，召葆申，杀茹黄之狗，析宛路之矰，放丹之姬。（后）〔务治〕荆国，兼国三十九。令荆国广大至于此者，葆申（之力也）极言之功也。

知　化

三曰——

夫以勇事人者以死也，未死而言死，不论，以虽知之与勿知同。凡智之贵也，贵知化也。人主之惑者则不然。化未至则不知，化已至，虽知之与勿知一（贯）〔实〕也。事有可以过者，有不可以过者。而身死国亡，则胡可以过？此贤主之所重，惑主之所轻也。所轻，国恶得不危？身恶得不困？危困之道，身死国亡，在于不先知化也。吴王夫差是也。子胥非不先知化也，谏而不听，故吴为丘墟，祸及阖庐。

吴王夫差将伐齐，子胥曰：“不可。夫齐之与吴也，习俗不同，言语不通,我得其地不能处,得其民不(得)〔能〕使。夫吴之与越也,接土邻境,壤交(通)〔道〕属,习俗同,言语通,我得其地能处之,得其民能使之。越于我亦然。夫吴、越之势不两立,越之于吴也,譬若心腹之疾也,虽无作,其伤深而在内也。夫齐之于吴也,疥癣之病也,不苦其已也,且其无伤也。今释越而伐齐,譬之犹惧虎而刺猬,虽胜之,其后患未央。"太宰嚭曰:"不可。君王之令所以不行于上国者,齐、晋也。君王若伐齐而胜之,徙其兵以临晋,晋必听命矣,是君王一举而服两国也。君王之令必行于上国。"夫差以为然,不听子胥之言,而用太宰嚭之谋。子胥曰:"天将亡吴矣,则使君王战而胜。天将不亡吴矣,则使君王战而不胜。"夫差不听。子胥两祛高蹶而出于廷,曰:"嗟乎！吴朝必生荆棘矣。"夫差兴师伐齐,战于艾陵,大败齐师,反而诛子胥。子胥将死曰:"与！吾安得一目以视越人之入吴也?"乃自杀。夫差乃取其身而流之江,抉其目,著之东门,曰:"汝胡视越人之入我也?"居数年,越报吴,残其国,绝其世,灭其社稷,夷其宗庙,夫差身为擒。夫差将死曰:"死者如有知也,吾何面以见子胥于地下?"乃(为)〔爰〕幎以冒面死。夫患未至,则不可告也;患既至,虽知之无及矣。故夫差之知惭于子胥也,不若勿知。

过　理

四曰——

亡国之主一贯,天时虽异,其事虽殊,所以亡同者,乐不适也。乐不适则不可以存。糟丘,酒池,肉圃,(为)〔炮〕格,雕柱而桔诸侯,不适也。刑鬼侯之女而取其环,截涉者胫而视其髓,杀梅伯而遗文王其醢,不适也。文王貌受以告诸侯。作为璇室,筑为顷宫,剖孕妇而观其化,杀比干而视其心,不适也。孔子闻之曰:"其窍通则比干不死矣。"〔此〕夏、商之所以亡也。

晋灵公无道,从〔台〕上弹人而观其避丸也;使宰人臑熊蹯不熟,杀之,令妇人载而过朝以示威,不适也。赵盾骤谏而不听,公恶之,乃使沮麛〔贼之,晨往,寝门辟矣,盛服将朝,尚早,坐而假寐。〕沮麛见之,不忍贼,曰:“不忘恭敬,民之主也。贼民之主不忠,弃君之命不信,〔有〕一于此,不若死。”乃触廷槐而死。

齐湣王亡居卫,谓公王丹曰:“我何如主也?”王丹对曰:“王贤主也。臣闻古人有辞天下而无恨色者,臣闻其声,于王而见其实。王名称东帝,实辨天下。去国居卫,容貌充满,颜色发扬,无重国之意。”王曰:“甚善!丹知寡人,寡人自去国居卫也,带益三副矣”。

宋王(筑)为蘖帝,鸱夷〔盛〕血,〔著甲胄〕高悬之,(射着甲胄)从下〔射〕,血坠流地。左右皆贺曰:“王之贤过汤、武矣。汤、武胜人,今王胜天,贤不可以加矣。”宋王大说,饮酒。室中有呼万岁者,堂上尽应,堂上已应,堂下尽应,门外庭中闻之,莫敢不应,不适也。

壅　塞

五曰——

亡国之主,不可以直言。不可以直言,则过无道闻,而善无自至矣。无自至则壅。

秦缪公时,戎强大,秦缪公遗之女乐二八与良宰焉。戎王大喜,以其故,数饮食,日夜不休。左右有言秦寇之至者,因扜弓而射之。秦寇果至,戎王醉而卧于樽下,卒生缚而擒之。未擒则不可知,已擒则又不知。〔由余骤谏而不听,〕虽善说者犹若此,何哉?

齐攻宋,宋王使人候齐寇之所至。使者还,曰:“齐寇近矣,国人恐矣。”左右皆谓宋王曰:“此所谓肉自至虫者也。以宋之强,齐兵之弱,恶能如此?”宋王因怒而诎杀之。又使人往视齐寇,使者报如前,宋王又怒诎杀之。如此者三。其后又使人往视:齐寇近矣,国人恐矣。使者遇其兄。〔其兄〕曰:“国危甚矣,若将安适?”其弟曰:“为王视齐寇,不意其近,而国人恐如此也。今又私患乡之先视齐寇者,皆以寇之近也报而死。今也报其情,死;不报其情,又恐死;将若何?”其兄曰:“如报其情,有且先夫死者死,先夫亡者亡。”于是报于王曰:“殊不知齐寇之所在。国人甚安。”王大喜。左右皆曰:“乡之死者宜矣。”王多赐之金。寇至,王自投车上驰而走,此人得以富于他国。夫登山而视牛若羊,视羊若豚。牛之性不若羊,羊之性不若豚,所自视之势过也,而因怒于牛羊之小也,此狂夫之大者。狂而以行赏罚,此戴氏之所以绝也。

齐王欲以淳于髡傅太子,髡辞曰:“臣不肖,不足以当此大任也,王不若择国之长者而使之。”齐王曰:“子无辞也。寡人岂责子之令太子必如寡人也哉?寡人固生而有之也,子为寡人令太子如尧乎?其如舜也?”凡说之行也,道不智听智,从(自)非受是也。今自以贤过于尧、舜,彼且胡可以开说哉?说必不入。〔说必不入,〕不闻存君。

齐宣王好射,说人之谓己能用强弓也。其尝所用不过三石,以示左右。左右皆试引之,中关而止,皆曰:“此不下九石,非王,其孰能用是?”宣王之情,所用不过三石,而终身自以为用九石,岂不悲哉?非直士其孰能不阿主?世之直士,其寡不胜众,数也。故乱国之主,患存乎用三石为九石也。

原　乱

六曰——

乱必有弟,大乱五,小乱三,(讠川)〔讨〕乱三,故《诗》曰:“毋过乱门”,所以远之也。虑福未及,虑祸〔过〕之,所以(皃)〔免〕之也。武王以武得之,以文持之,倒戈弛弓,示天下不用兵,所以守之也。

晋献公立骊姬以为夫人，以奚齐为太子，里克率国人以攻杀之。荀息立其弟公子卓，已葬，里克又率国人攻杀之。于是晋无君。公子夷吾重赂秦以地而求入，秦缪公率师以纳之，晋人立以为君，是为惠公。惠公既定于晋，背秦德而不予地。秦缪公率师攻晋，晋惠公逆之，与秦人战于韩原。晋师大败，秦获惠公以归，囚之于灵台。十月，乃与晋成，归惠公而质太子圉。太子圉逃归也。惠公死，圉立为君，是为怀公。秦缪公怒其逃归也，起奉公子重耳以攻怀公，杀之于高梁，而立重耳，是为文公。文公施舍，振废滞，匡乏困，救灾患，禁淫慝，薄赋敛，宥罪戾，节器用，用民以时，败荆人于城濮，定襄王，释宋〔围〕，出穀戍，外内皆服，而后晋乱止。故献公听骊姬，近梁五、优施，杀太子申生，而大难随之者五，三君死，一君虏，大臣卿士之死者以百数，离咎二十年。自上世以来，乱未尝一。而乱人之患也，皆曰一而已，此事虑不同情也。事虑不同情者，心异也，故凡作乱之人，祸希不及身。

卷二十四　不苟论第四

不苟

一曰——

贤者之事也，虽贵不苟为，虽听不自阿，心中理然后动，必当义然后举，此忠臣之行也。贤主之所说，而不肖主虽不(肖其)说，非恶其声也。人主虽不肖，其说忠臣之声与贤主同，行其实则与贤主有异。异，故其功名祸福亦异。异，故子胥见说于阖闾而恶乎夫差，比干生而恶于商，死而见说乎周。

武王至殷郊，系堕。五人御于前，莫肯之为，曰："吾所以事君者非系也。"武王左释白羽，右释黄钺，勉而自为系。孔子闻之曰："此五人者之所以为王者佐也，不肖主之所弗安也。"故天子有不胜细民者，天下有不胜千乘者。

秦缪公见戎由余，说而欲留之，由余不肯。缪公以告蹇叔。蹇叔曰："君以告内史廖。"内史廖对曰："戎人不达于五音与五味，君不若遗之。"缪公以女乐二八(人)与良宰遗之。戎王喜，迷惑大乱，饮酒，昼夜不休。由余骤谏而不听，因怒而归缪公也。蹇叔非不能为内史廖之所为也，其义不行也。缪公能令人臣时立其正义，故雪殽之耻，而西至河雍也。

秦缪公相百里奚，晋使叔虎、齐使东郭蹇如秦，公孙枝请见之。公曰："请见客，子之事欤？"对曰："非也。""相国使子乎？"对曰："不也。"公曰："然则子事非子之事也。秦国僻陋戎夷，事服其任，人事其事，犹惧为诸侯笑。今子为非子之事，退，将论而罪。"公孙枝出，自敷于百里氏。百里奚请之。公曰:“此所闻于相国欤?枝无罪奚请?有罪奚请焉?”百里奚归,辞公孙枝。公孙枝徙,自敷于街。百里奚令吏行其罪。定分〔治〕官,此古人之所以为法也。今缪公向之矣,其霸西戎,岂不宜哉?

晋文公将伐邺,赵衰言所以胜邺之术,文公用之,果胜。还,将行赏。衰曰:“君将赏其本乎?赏其末乎?赏其末则骑乘者存,赏其本则臣闻之郤子虎。”文公召郤子虎曰:“衰言所以胜邺,邺既胜,将赏之,曰:‘盖闻之于子虎,请赏子虎。’”子虎曰:“言之易,行之难。臣言之者也。”公曰:“子无辞。”郤子虎不敢固辞,乃受矣。凡行赏欲其博也,博则多助。今虎非亲言者也,而赏犹及之,此疏远者之所以尽能竭智者也。晋文公亡久矣,归而因大乱之余,犹能以霸,其由此欤?

赞能

二曰——

贤者善人以人,中人以事,不肖者以财。得十良马,不若得一伯乐;得十良剑,不若得一欧冶;得地千里,不若得一圣人。舜得皋陶〔而尧受之,禹得伯益〕而舜受之,汤得伊尹而有夏民,文王得吕望而服殷商。夫得圣人,岂有里数哉?

管子束缚在鲁。桓公欲相鲍叔。鲍叔曰:“吾君欲霸王,则管夷吾在彼,臣弗若也。”桓公曰:“夷吾,寡人之贼也,射我者也。不可。”鲍叔曰:“夷吾为其君射人者也。君若得而臣之,则彼亦将为君射人。”桓公不听,强相鲍叔。〔鲍叔〕固辞让而相,桓公果听之。于是乎使人告鲁曰:“管夷吾,寡人之仇也,愿〔生〕得之而亲加手焉。”鲁君许诺,乃使吏鞹其拳,胶其目,盛之以鸱夷,置之车中。至齐境,桓公使人以朝车迎之,祓以爟火,衅以牺猳焉,生与之如国,命有司除庙筵几而荐之,曰:“自孤之闻夷吾之言也,目益明,耳益聪,孤弗敢专,敢以告于先君。”因顾而命管子曰:“夷吾佐予。”管仲还走,再拜稽首,受令而出。管子治齐国,举事有功,桓公必先赏鲍叔,曰:“使齐国得管子者,鲍叔也。”桓公可谓知行赏矣。凡行赏欲其本也,本则过无由生矣。

孙叔敖、沈尹茎相与友。叔敖游于郢三年,声问不知,修行不闻。沈尹茎谓孙叔敖曰:“说义以听,方术信行,能令人主上至于王,下至于霸,我不若子也。耦世接俗,说义调均,以适主心,子不若我也。子何以不归耕乎?吾将为子游。”沈尹茎游于郢五年,荆王欲以为令尹,沈尹茎辞曰:“期思之鄙人有孙叔敖者,圣人也。王必用之,臣不若也。”荆王于是使人以王舆迎叔敖以为令尹,十二年而庄王霸,此沈尹茎之力也。功无大乎进贤。

自　知

三曰——

欲知平直,则必准绳;欲知方圆,则必规矩;人主欲自知,则必直士。故天子立辅弼,设师保,所以举过也。夫人故不能自知,人主(犹其)〔尤甚〕。存亡安危,勿求于外,务在自知。

尧(有欲)〔置敢〕谏之鼓,舜(有)〔置〕诽谤之木,汤有司(过)〔直〕之士,武王有戒慎之鞀,犹恐不能自知,今贤非尧、舜、汤、武也,而有掩蔽之道,奚由自知哉?

荆成、齐庄不自知而杀,吴王、智伯不自知而亡,宋、中山不自知而灭,晋惠公、赵括不自知而虏,钻荼、庞涓、太子申不自知而死,〔故〕败莫大于不自知。

范氏之亡也,百姓有得〔其〕钟者,欲负而走,则钟大不可负,以椎毁之,钟况然有音,恐人闻之而夺己也,遽掩其耳。恶人闻之可

也，恶己自闻之悖矣。为人主而恶闻其过，非犹此也？恶人闻其过尚犹可。〔恶己自闻其过悖矣。〕

魏文侯燕饮，皆令诸大夫论己。或言君之智也。至于任座，任座曰："君不肖君也。得中山不以封君之弟，而以封君之子，是以知君之不肖也。"文侯不说，知于颜色。任座趋而出。次及翟黄，翟黄曰："君贤君也，臣闻其主贤者，其臣之言直。今者任座之言直，是以知君之贤也。"文侯喜曰："可反欤？"翟黄对曰："奚为不可？臣闻忠臣毕其忠，而不敢远其死。座殆尚在于门。"翟黄往视之，任座在于门，以君令召之。任座入，文侯下阶而迎之，终座以为上客。文侯微翟黄，则几失忠臣矣。上顺乎主心以显贤者，其唯翟黄乎？

当 赏

四曰——

民无道知天，民以四时寒暑日月星辰之行知天。四时寒暑日月星辰之行当，则诸生有血气之类皆(为)得其处而安其产。人臣亦无道知主，人臣以赏罚爵禄之所加知主。主之赏罚爵禄之所加者宜，则亲疏远近贤不肖皆尽其力而以为用矣。

晋文公反国，赏从亡者，而陶狐不与。左右曰："君反国家，爵禄三出，而陶狐不与。敢问其说。"文公曰："辅我以义、导我以礼者，吾以为上赏。教我以善、强我以贤者，吾以为次赏。拂吾所欲、数举吾过者，吾以为末赏。三者所以赏有功之臣也。若赏唐(国)〔圃〕之劳徒，则陶狐将为首矣。"周内史兴闻之曰："晋公其霸乎！昔者圣王先德而后力，晋公其当之矣。"

秦小主夫人用奄变，群贤不说自匿，百姓郁怨非上。公子连亡在魏，闻之，欲入，因群臣与民从郑所之塞。右主然守塞，弗入，曰："臣有义，不两主。公子勉去矣。"公子连去，入翟，从焉氏塞，菌改入之。夫人闻之，大骇，令吏兴卒，奉命曰："寇在边。"卒与吏其始发也，皆曰"往击寇"，中道因变曰："非击寇也，迎主君也。"公子连因与卒俱来，至雍，围夫人，夫人自杀。公子连立，是为献公，怨右主然而将重罪之，德菌改而欲厚赏之。监突争之曰："不可。秦公子之在外者众，若此则人臣争入亡公子矣。此不便主。"献公以为然，故复右主然之罪，而赐菌改官大夫，赐守塞者人米二十石。献公可谓能用赏罚矣。凡赏非以爱之也，罚非以恶之也，用观归也。所归善，虽恶之赏；所归不善，虽爱之罚；此先王之所以治乱安危也。

博　志

五曰——

先王有大务，去其害之者，故所欲以必得，所恶以必除，此功名之所以立也。俗主则不然，有大务而不能去其害之者，此所以无能成也。夫〔能〕去害务与不能去害务，此贤不肖之所以分也。使獐疾走，马弗及至，已而得者，其时顾也。骥一日千里，车轻也；以重载则不能数里，任重也。贤者之举事也，不闻无功，然而名不大立、利不及世者，愚不肖为之任也。

冬与夏不能两刑，草与稼不能两成，新谷熟而陈谷亏，凡有角者无上齿，果实繁者不必庳，用智褊者〔功〕无遂（功），天之数也。故天子不处全，不处极，不处盈。全则必缺，极则必反，盈则必亏。先王知物之不可两大，故择务，当而处之。

孔、墨、宁越，皆布衣之士也，虑于天下，以为无若先王之术者，故日夜学之。有便于学者，无不为也；有不便于学者，无肯为也。盖闻孔丘、墨翟，昼日讽诵习业，夜亲见文王、周公旦而问焉。用志如此其精也，何事而不达？何为而不成？故曰精而熟之，鬼将告之。非鬼告之也，精而熟之也。今有宝剑良马于此，玩之不厌，视之无倦。宝行良道，一而弗复，欲身之安也，名之章也，不亦难乎？

宁越，中牟之鄙人也，苦耕稼之劳，谓其友曰："何为而可以免此苦也？"其友曰："莫如学，学三十岁则可以达矣。"宁越曰："请以十五岁。人将休，吾将不敢休；人将卧，吾将不敢卧。"〔学〕十五岁而周威公师之。矢之速也，而不过二里止也；步之迟也，而百舍不止也。今以宁越之材而久不止，其为诸侯师，岂不宜哉？

养由基、尹儒，皆文艺之人也。荆廷常有神白猨，荆之善射者莫之能中，荆王请养由基射之。养由基矫弓操矢而往，未之射而括中之矣，发之则猨应矢而下，则养由基有先中中之者矣。尹儒学御三年而不得焉，苦痛之，夜梦受秋驾于其师。明日往朝其师，〔其师〕望而谓之曰："吾非爱道也，恐子之未可与也。今日将教子以秋驾。"尹儒反走，北面再拜曰："今昔臣梦受之。"先为其师言所梦，所梦固秋驾已。上二士者可谓能学矣，可谓无害之矣，此其所以观后世已。

贵　当

六曰——

名号大显，不可强求，必繇其道。治物者不于物于人，治人者〔不于人于事，治事者〕不于事于君，治君者不于君于天子，治天子者不于天子于欲，治欲者不于欲于性。性者万物之本也，不可长，不可短，因其固然而然之，此天地之数也。窥赤肉而乌鹊聚，狸处堂而众鼠散，衰绖陈而民知丧，竽瑟陈而民知乐，汤、武修其行而天下从，桀、纣慢其行而天下畔，岂待其言哉？君子审在己者而已矣。

荆有善相人者，所言无遗策，闻于国，庄王见而问焉。对曰："臣非能相人也，能观人之友也。观布衣也，其友皆孝悌纯谨畏令，如此者，其家必日益，身必日荣，（矣）〔此〕所谓吉人也。观事君者也，其友皆诚信有行好善，如此者，事君日益，官职日进，此所谓吉臣也。

观人主也,其朝臣多贤,左右多忠,主有失,皆交争证谏,如此者,国日安,主日尊,天下日服,此所谓吉主也。臣非能相人也,能观人之友也。”庄王善之,于是疾收士,日夜不懈,遂霸天下。故贤主之时见文艺之人也,非特具之而已也,所以就大务也。夫事无大小,固相与通。田猎驰骋,弋射走狗,贤者非不为也,为之而智日得焉,不肖主为之而智日惑焉。《志》曰:“骄惑之事,不亡奚待?”

(君)〔齐〕有好猎者,旷日持久而不得兽,入则愧其家室,出则愧其知友州里。惟其所以不得之故,则狗恶也。欲得良狗,则家贫无以。于是还疾耕,疾耕则家富,家富则有以求良狗,狗良则数得兽矣,田猎之获常过人矣。非独猎也,百事也尽然。霸主有不先耕而成霸王者,古今无有。此贤(者)不肖之所以殊也。贤不肖之所欲与人同,尧、桀、幽、厉皆然,所以为之异。故贤主察之,以为不可,弗为;以为可,故为之。为之必繇其道,物莫之能害,此功之所以相万也。

卷二十五　似顺论第五

似　顺

一曰——

事多似倒而顺，多似顺而倒。有知顺之为倒、倒之为顺者，则可与言化矣。至长反短，至短反长，天之道也。

荆庄王欲伐陈，使人视之。使者曰："陈不可伐也。"庄王曰："何故？"对曰："〔其〕城郭高，沟洫深，蓄积多也。"宁国曰："陈可伐也。夫陈，小国也，而蓄积多，赋敛重也，则民怨上矣；城郭高，沟洫深，则民力罢矣。兴兵伐之，陈可取也。"庄王听之，遂取陈焉。

田成子之所以得有国至今者，有兄曰完子，仁且有勇。越人兴师诛田成子曰："奚故杀君而取国？"田成子患之。完子请率士大夫以逆越师，请必战，战请必败，败请必死。田成子曰："夫必与越战可也。战必败，败必死，寡人疑焉。"完子曰："君之有国也，百姓怨上，贤良又有死之，〔朝〕臣蒙耻。以完观之也，国已惧矣。今越人起师，臣与之战，战而败，〔败必死，〕贤良尽死，不死者不敢入于国。君与诸孤处于国，以臣观之，国必安矣。"完子行，田成子泣而遣之。夫死败，人之所恶也，而反以为安，岂一道哉？故人主之听者与士之学者，不可不博。

尹铎为晋阳，下〔之绛〕，有请于赵简子。简子曰："往而夷夫垒。我将往，往而见垒，是见中行寅与范吉射也。"铎往而增之。简子上之晋阳，望见垒而怒曰："嘻！铎也欺我。"于是乃舍于郊，将使人诛铎也。孙明进谏曰："以臣私之，铎可赏也。铎之言固曰：'见乐则淫侈,见忧则诤治,此人之道也。今君见垒念忧患,而况群臣与民乎?夫便国而利于主,虽兼于罪,铎为之。夫顺令以取容者,众能之,而况铎欤?'君其图之。"简子曰:"微子之言,寡人几过。"于是乃以免难之赏赏尹铎。人主,太上喜怒必循理,其次不循理,必数更,虽未至大贤,犹足以盖浊世矣。简子当此。世主之患,耻不知而矜自用,好愎过而恶听谏,以至于危。耻无大乎危者。

别　类

二曰——

知不知止矣。过者之患,不知而自以为知。物多类然而不然,故亡国僇民无已。夫草有莘有藟,独食之则杀人,合而食之则益寿;〔□有〕万〔有〕堇,〔独食之则杀人,合而食之则不杀。或杀而寿,或杀而〕不杀,〔类固不必,安可推也。〕漆淖水淖,合两淖则为蹇,湿之则为干;金柔锡柔,合两柔则为刚,燔之则为淖。或湿而干,或燔而淖,类固不必,〔安〕可推(知)也。小方,大方之类也;小马,大马之类也;小智,非大智之类也。

鲁人有公孙绰者,告人曰:"我能起死人。"人问其故。对曰:"我固能治偏枯,今吾倍所以为偏枯之药,则可以起死人矣。"物固有可以为小,不可以为大;可以为半,不可以为全者也。

相剑者曰:"白所以为坚也,黄所以为牣也,黄白杂则坚且牣,良剑也。"难者曰:"白所以为不牣也,黄所以为不坚也,黄白杂则不坚且不牣也。又柔则锩,坚则折。剑折且锩,焉得为利剑?"剑之情未革,而或以为良,或以为恶,说使之也。故有以聪明听说则妄说者止,无以聪明听说则尧、桀无别矣。此忠臣之所患也,贤者之所以废也。

义,小为之则小有福,大为之则大有福。于祸则不然,小有之不若其亡也。射招者欲其中小也,射兽者欲其中大也。物固不必,安可推也?

高阳应将为室家,匠〔人〕对曰:"未可也。木尚生,加涂其上,必将挠。以生为室,今虽善,后将必败。"高阳应曰:"缘子之言,则室不败也。木益枯则劲,涂益干则轻,以益劲任益轻则不败。"匠人无辞而对,受令而为之。室之始成也善,其后果败。高阳应好小察,而不通乎大理也。

骥骜绿耳背日而西走,至乎夕则日在其前矣。目固有不见也,智固有不知也,数固有不及也。不知其说所以然而然,圣人因而兴制,不事心焉。

有　度

三曰——

贤主有度而听,故不过。有度而(以)听,则不可欺矣,不可惶矣,不可恐矣,不可喜矣。(以)凡人之知,不昏乎其所已知,而昏乎其所未知,则人之易欺矣,可惶矣,可恐矣,可喜矣,知之不审也。

客有问季子曰:"〔尧〕奚以知舜之能也?"季子曰:"尧固已治天下矣,舜言治天下而合己之符,是以知其能也。""若虽知之,奚道知其不为私?"季子曰:"诸能治天下者,固必通乎性命之情。〔通乎性命之情〕者,当无私矣。夏不衣裘,非爱裘也,暖有馀也。冬不用簍,非爱簍也,(清)〔凊〕有馀也。圣人之不为私也,非爱费也,节乎己也。节己,虽贪污之心犹若止,又况乎圣人?"

许由非强也,有所乎通也。有所通则贪污之利外矣。

孔、墨之弟子徒属充满天下,皆以仁义之术教导于天下,然而无所行〔其术〕,教者(术)犹不能行,又况乎所教?是何也?仁义之术外也。夫以外胜内,匹夫徒步不能行,又况乎人主?唯通乎性命之情，而仁义之术自行矣。

先王不能尽知，执一而万物治。使人不能执一者，物感之也。故曰通意之悖，解心之缪，去德之累，通道之塞。贵富显严名利六者，悖意者也。容动色理气意六者，缪心者也。恶欲喜怒哀乐六者，累德者也。智能去就取舍六者，塞道者也。此四六者不荡乎胸中则正。正则静，静则清明，清明则虚，虚则无为而无不为也。

分　职

四曰——

先王用非其有，如己有之，通乎君道者也。夫君也者，处虚（素服）〔服素〕而无智，故能使众智也；（智）〔能〕反无能，故能使众能也；能执无为，故能使众为也。无智、无能、无为，此君之所执也。人主之（所）惑者则不然，以其智强智，以其能强能，以其为强为，此处人臣之职也。处人臣之职而欲无壅塞，虽舜不能为。

武王之佐五人。武王之于五人者之事无能也，然而世皆曰："取天下者武王也。"故武王取非其有，如己有之，通乎君道也。通乎君道，则能令智者谋矣，能令勇者怒矣，能令辩者语矣。夫马者，伯乐相之，造父御之，贤主乘之，一日千里，无御相之劳而有其功，则知所乘矣。

今召客者，酒酣，歌舞鼓瑟吹竽，明日不拜乐己者，而拜主人，主人使之也。先王之立功名，有似于此，使众能与众贤，功名大立于世，不予佐之者，而予其主，其主使之也。譬之若为宫室，必任巧匠，奚故？曰："匠不巧则宫室不善。"夫国，重物也，其不善也，岂特宫室哉？巧匠为宫室，为圆必以规，为方必以矩，为平直必以准绳。功已就，不知规矩绳墨，而赏（匠）巧匠（之）。宫室已成，不知巧匠，而皆曰："善。此某君某王之宫室也。"此不可不察也。人主之不通〔乎〕

主道者则不然，自为(人)〔之〕则不能，任贤者则恶之，与不肖者议之，此功名之所以伤，国家之所以危。

枣，棘之有；裘，狐之有也。食棘之枣，衣狐之(皮)〔裘〕，先王固用非其有，而己有之。汤、武一日而尽有夏、商之民，尽有夏、商之地，尽有夏、商之财，以其民安而天下莫(敢之)〔之敢〕危，以其地封而天下莫敢不说，以其财赏而天下皆竞〔劝〕，无费乎郼与岐周，而天下称大仁、称大义，通乎用非其有，〔如己有之。〕

白公胜得荆国，不能以其府库分人。七日，石乞曰："患至矣。不能分人则焚之，毋令人以〔之〕害我。"白公又不能。九日，叶公入，乃发太府之货〔以〕予众，出高库之兵以赋民，因攻之。十有九日而白公死。国非其有也而欲有之，可谓至贪矣；不能为人，又不能自为，可谓至愚矣，譬白公之啬，若枭之爱其子也。

卫灵公天寒凿池。宛春谏曰："天寒起役，恐伤民。"公曰："天寒乎?"宛春曰："(公)〔君〕衣狐裘，坐熊席，陬隅有灶，是以不寒。今民衣弊不补，履决不组。君则不寒(矣)，民则寒矣。"公曰："善。"令罢役。左右(以)谏曰："君凿池，不知天之寒也，而春也知之，以春之知之也而令罢之，(福)〔德〕将归于春也，而怨将归于君。"公曰："不然。夫春也，鲁国之匹夫也，而我举之，夫民未有见焉，今将令民以此见之。(曰)〔且〕春也有善，于寡人有也，春之善非寡人之善欤?"灵公之论宛春，可谓知君道矣。君者固无任，而以职受任。工拙，下也；赏罚，法也；君奚事哉？若是则受赏者无德，而抵诛者无怨矣，人自反而已，此治之至也。

处　方

五曰——

凡为治必先定分。(君臣父子夫妇君臣父子夫妇)〔君君臣臣父父子子夫夫妇妇〕六者当位，则下不逾节而上不苟为矣，少不悍辟而长不简慢矣。金木异任，水火殊事，阴阳不同，其为民利一也。故异所以安同也，同所以危异也。同异之分，贵贱之别，长少之义，此先王之所慎，而治乱之纪也。

今夫射者仪毫而失墙，画者仪发而易貌，言审本也。本不审，虽尧、舜不能以治。故凡乱也者，必始乎近而后及远，必始乎本而后及末。治亦然。故百里奚处乎虞而虞亡，处乎秦而秦霸；向挚处乎商而商灭，处乎周而周王。百里奚之处乎虞，智非愚也；向挚之处乎商，典非恶也；无其本也。其处于秦也，智非加益也；其处于周也，典非加善也；有其本也。其本也者，定分之谓也。

齐令章子将而与韩、魏攻荆，荆令唐篾将而拒之。军相当，六月而不战，齐令周最趣章子急战，其辞甚刻。章子对周最曰："杀之免之，残其家，王能得此于臣。不可以战而战，可以战而不战，王不能得此于臣。"与荆人夹泚水而军，章子令人视水可绝者，荆人射之，水不可得近。有刍水旁者，告齐候者，曰："水浅深易知，荆人所盛守，尽其浅者也，所简守，皆其深者也。"候者载刍者与见章子，章子甚喜，因练卒以夜奄荆人之所盛守，果杀唐篾。章子可谓知将分矣。

韩昭釐侯出弋，靷偏缓。昭釐侯居车上，谓其仆〔曰〕："靷不偏缓乎？"其仆曰："然。"至，舍，昭釐侯射鸟，其右摄其一靷，适之。昭釐侯已射，驾而归，上车，选间，曰："乡者靷偏缓，今适，何也？"其右从后对曰："今者臣适之。"昭釐侯至，诘车令。各避舍。故擅为妄意之道虽当，贤主不由也。

今有人于此，擅矫行则免国家，(利)〔判〕轻重则若衡石，为方圜则若规矩，此则工矣巧矣，而不足法。法也者，众之所同也，贤不肖之所以其力也。谋出乎不可用，事出乎不可同，此为先王之所舍也。

慎　小

六曰——

上尊下卑，卑则不得以小观上，〔不得以小观上则下无道知上。〕尊则恣，恣则轻小物，轻小物则上无道知下。（下无道知上）上下不相知，则上非下，下怨上矣。人臣之情，不能为所怨；人主之情，不能爱所非；此上下大相失道也。故贤主谨小物以论好恶。

巨防容蝼，而漂邑杀人；突泄一熛，而焚宫烧积；将失一令，而军破身死；主过一言，而国残名辱，为后世笑。

卫献公戒孙林父、宁殖食。鸿集于囿，虞人以告，公如囿射鸿。二子待君，日晏，公不来至，来不释皮冠而见二子。二子不说，逐献公，立公子黚。卫庄公立，欲逐石圃，登台以望，见戎州而问(之)曰："是何为者也？"侍者曰："戎州也。"庄公曰："我姬姓也。戎人安敢居国？"使夺之宅，残其州。晋人适攻卫，戎州人因与石圃杀庄公，立公子起，此小物不审也。人之情不蹶于山，而蹶于垤。

齐桓公即位，三年三言，而天下称贤，群臣皆说，去肉食之兽，去食粟之鸟，去丝罝之网。

吴起治西河，欲谕其信于民，夜日置表于南门之外，令于邑中曰："明日有人偾南门之外表者，仕长大夫。"明日日晏矣，莫有偾表者。民相谓曰："此必不信。"有一人曰："试往偾表，不得赏而已，何伤？"往偾表，来谒吴起。吴起自见而出，仕之长大夫。夜日又复立表，又令于邑中如前。邑人守门争表，表加植，不得所赏。自是之后，民信吴起之赏罚。赏罚信乎民，何事而不成，岂独兵乎？

卷二十六　士容论第六

士　容

一曰——

士不偏不党，柔而坚，虚而实。其状腺然不儇，若失其一。傲小物而志属于大，似无勇而未可恐狼，执固横敢而不可辱害，临患涉难而处义不越，南面称寡而不以侈大，今日君民而欲服海外，节物甚高而细利弗赖，耳目遗俗而可与定世，富贵弗就而贫贱弗朅，德行尊理而羞用巧卫，宽裕不訾而中心甚厉，难动以物而必不妄折。此国士之容也。

齐有善相狗者，其邻假以买取鼠之狗，期年乃得之，曰："是良狗也。"其邻畜之数年，而不取鼠，以告相者。相者曰：此良狗也。其志在獐麋豕鹿，不在鼠。欲其取鼠也则桎之。"其邻桎其后足，狗乃取鼠。夫骥骜之气，鸿鹄之志，有谕乎人心者诚也。人亦然。诚有之则神应乎人矣，言岂足以谕之哉？此谓不言之言也。

客有见田骈者，被服中法，进退中度，趋翔闲雅，辞令逊敏。田骈听之毕而辞之。客出，田骈送之以目。弟子谓田骈曰："客，士欤？"田骈曰："殆乎非士也。今者客所弇敛，士所术施也；士所弇敛，客所术施也。客殆乎非士也。"故火烛一隅，则室偏无光；骨节蚤成，空窍哭历，身心不长；众无谋方，乞谨视见，多故不良；志必不公，不能立功；好得恶予，国虽大不为王；祸灾日至，〔国将灭亡。〕故君子之容，纯乎其若钟山之玉，桔乎其若陵上之木。淳淳乎慎谨畏化，而不肯自足；干干乎取舍不悦，而心甚素朴。

唐尚敌年为史,其故人谓唐尚愿之,以谓唐尚。唐尚曰:“吾非不得为史也,羞而不为也。”其故人不信也。及魏围邯郸,唐尚说惠王而解之围,以与伯阳,其故人乃信其羞为史也。居有间,其故人为其兄请。唐尚曰:“卫君死,吾将汝兄以代之。”其故人反兴再拜而信之。夫可信而不信,不可信而信,此愚者之患也。知人情,不能自遗,以此为君,虽有天下何益?故败莫大于愚,愚之患,(在必)〔必在〕自用,自用则戆陋之人从而贺之。有国若此,不若无有。古之与贤,从此生矣。非恶其子孙也,非徼而矜其名也,反其实也。

务　大

二曰——

尝试观于上志,三王之佐,其名无不荣者,其实无不安者,功大故也。俗主之佐,其欲名实也与三王之佐同,其名无不辱者,其实无不危者,无(功)〔公〕故也。皆患其身不贵于其国也,而不患其主之不贵于天下也,此所以欲荣而逾辱也,欲安而逾危也。

(孔)〔季〕子曰:“燕爵争善处于一屋之下,母子相哺也,区区焉相乐也,自以为安矣。灶突决,〔火〕上栋,〔宇将〕焚,燕爵颜色不变,是何也?不知祸之将及(之)〔己〕也,不亦愚乎!为人臣而免于燕爵之智者寡矣。夫为人臣者,进其爵禄富贵,父子兄弟相与比周于一国,区区焉相乐也,而以危其社稷,其为灶突近矣,而终不知也,其与燕爵之智不异。故曰:‘天下大乱,无有安国;一国尽乱,无有安家;一家尽乱,无有安身’,此之谓也。故细之安,必待大;大之安,必待小。细大贱贵,交相为赞,然后皆得其(所)乐。”

薄疑说卫嗣君以王术。嗣君应之曰:“〔予〕所有者千乘也,愿以受教。”薄疑对曰:“乌获举千钧,又况一斤?”杜赫以安天下说周昭文君。昭文君谓杜赫曰:“愿学所以安周。”杜赫对曰:“臣之所言者不可,则不能安周矣;臣之所言者可,则周自安矣。”此所谓以弗安而安者也。

郑君问于被瞻曰:“闻先生之义,不死君,不亡君,信有之乎?”被瞻对曰:“有之。夫言不听,道不行,则固不事君也。若言听道行,又何死亡哉?”故被瞻之不死亡也,贤乎其死亡者也。

昔(有)〔者〕舜欲服海外而不成,既足以成帝矣。禹欲帝而不成,既足以王海内矣。汤、武欲继禹而不成,既足以王通达矣。五伯欲继汤、武而不成,既足以为诸侯长矣。孔、墨欲行大道于世而不成,既足以成显荣矣。夫大义之不成,既有成已,故务事大。

上　农

三曰——

古先圣王之所以导其民者,先务于农。民农非徒为地利也,贵其志也。民农则朴,朴则易用,易用则边境安,主位尊。民农则重,重则少私义,少私义则公法立,力专一。民农则其产复,其产复则重徙,重徙则死其处而无二虑。舍本而事末则不令,不令则不可以守,不可以战。民舍本而事末则其产约,其产约则轻迁徙,轻迁徙,则国家有患,皆有远志,无有居心。民舍本而事末则好智,好智则多诈,多诈则巧法令,以是为非,以非为是。

后稷曰:“所以务耕织者,以为本教也。”是故天子亲率诸侯耕帝籍田,大夫士皆有功业。是故当时之务,农不见于国,以教民尊地产也。后妃率九嫔蚕于郊,桑于公田。是以春秋冬夏皆有麻枲丝茧之功,以力妇教也。是故丈夫不织而衣,妇人不耕而食,男女贸功,以长〔以〕生,此圣人之制也。故敬时爱日,非老不休,非疾不息,非死不舍。

上田,夫食九人。下田,夫食五人。可以益,不可以损。一人治之,十人食之,六畜皆在其中矣。此大任地之道也。

故当时之务,不兴土功,不作师徒,庶人不冠弁、娶妻、嫁女、享祀,不酒醴聚众,农不上闻,不敢私籍于庸,为害于时也。(然后制野禁)苟非同姓,农不出御,女不外嫁,以安农也。

〔然后制野禁。〕野禁有五:地未辟易,不操麻,不出粪。齿年未长,不敢为园囿。量力不足,不敢渠地而耕。农不敢行贾,不敢为异事。为害于时也。

然后制四时之禁:山不敢伐材下木。泽(人)不敢灰僇,缳网罝罦不敢出于门,罛罟不敢入于渊,泽非舟虞,不敢缘名,为害其时也。

若民不力田,墨乃家畜,国家难治,三疑乃极,是谓背本反则,失毁其国。凡民自七尺以上,属诸三官。农攻粟,工攻器,贾攻货。时事不共,是谓大凶。夺之以土功,是谓稽,不绝忧唯,必丧其粃。夺之以(水)〔本〕事,是谓籥,丧以继乐,四邻来(虚)〔虐〕。夺之以兵事,是谓厉,祸因胥岁,不举铚艾。数夺民时,大饥乃来,野有寝耒,或谈或歌,旦则有昏,丧粟甚多。皆知其末,莫知其本,真〔□□□,□□□□〕。

任　地

四曰——

后稷曰:"子能以洼为(突)〔窔〕乎?子能藏其恶而揖之以阴乎?子能使(吾士)〔五土〕靖而圳浴士乎?子能使〔五土〕保湿安地而处乎?子能使雚(夷)〔荑〕毋淫乎?子能使子之野尽为泠风乎?子能使藁数节而茎坚乎?子能使穗大而坚、均乎?子能使粟圜而薄糠乎?子能使米多沃而食之强乎?(无)〔为〕之若何?

凡耕之大方:力者欲柔,柔者欲力。息者欲劳,劳者欲息。棘者欲肥,肥者欲棘。急者欲缓,缓者欲急。湿者欲燥,燥者欲湿。

上田弃亩，下田弃圳。五耕五耨，必审以尽。其深殖之度，阴土必得，大草不生，又无螟蜮。今兹美禾，来兹美麦。是以六尺之耜，所以成亩也；其博八寸，所以成圳也；耨柄尺，此其度也，其(耨)〔博〕六寸，所以间稼也。地可使肥，(又)〔不〕可使棘。人肥必以泽，使苗坚而地隙；人耨必以旱，使地肥而土缓。

草端大月。冬至后五旬七日，菖始生，菖者百草之先生者也，于是始耕。孟夏之昔，杀三叶而获大麦。日至，苦菜死而资生，而树麻与菽，此告民地宝尽(死)〔矣〕。(凡)〔丸〕草生(藏)〔而〕(日中)〔己中〕出，豨首生而麦无叶，而从事于蓄藏，此告民究也。五时见生而树生，见死而获死。天下时，地生财，不与民谋。

有年瘗土，无年瘗土。无失民时，无使之治下，知贫富利器，皆时至而作，渴时而止。是以老弱之力可尽起，其用日半，其功可使倍。不知事者，时未至而逆之，时既往而慕之，当时而薄之，使其民而(郄)〔郤〕之。民既(郄)〔郤〕，乃以良时慕，此从事之下也。操事则苦，不知高下，民乃逾处。种稑禾不为稑，种重禾不为重，是以粟少而失功。

辩　土

五曰——

凡耕之道，必始于垆，为其寡泽而后枯；必厚其靹，为其唯厚而及；䱰者茌之，坚者耕之，泽其靹而后之；上田则被其处，下田则尽其污。无与三盗任地：夫四序参发，大圳小亩，为青鱼胠，苗若直猎，地窃之也；既种而无行，耕而不长，则苗相窃也；弗除则芜，除之则虚，则草窃之也。故去此三盗者，而后粟可多也。

所谓今之耕也，营而无获者：其蚤者先时，晚者不及时，寒暑不节，稼乃多菑，〔□□□□，□□□〕实。其为亩也，高而危则泽夺，陂则埒,见风则僠,高培则拔,寒则雕,热则修,一时而五六死,故不能为來。不俱生而俱死,虚稼先死,众盗乃窃。望之似有余,就之则虚。农夫知其田之易也,不知其稼之疏而不适也;知其田之(际)〔除〕也,不知其稼居地之虚也;(不除则芜,除之则虚)此事之伤也。故亩欲广以平,圳欲小以深;下得阴,上得阳,然后咸生。

稼欲生于尘,而殖于坚者。慎其种,勿使数,亦无使疏。于其施土,无使不足,亦无使有余。熟有耰也,必务其培。其耰也(植)〔稹〕,(植)〔稹〕者其生也必先。其施土也均,均者其生也必坚。是以亩广以平,则不丧(本茎)〔茎;本〕生于地者,五分之以地。茎生有行,故速长;弱不相害,故速大。衡行必得,纵行必术。正其行,通其风,(夬心)〔夫必〕中央,帅为泠风。苗,其弱也欲孤,其长也欲相与居,其熟也欲相扶。是故三以为族,乃多粟。

凡禾之患,不俱生而俱死。是以先生者美米,后生者为秕。是故其耨也,长其兄而去其弟。树肥无使扶疏,树垗不欲专生而族居。肥而扶疏则多秕,垗而专居则多死。不知稼者:其耨也去其兄而养其弟,不收其粟而收其秕,上下不安,则禾多死,厚土则孽不(通)〔达〕,薄土则蕃镭而不发。垆埴冥色,刚土柔种,免耕杀匿,使农事得。

审　时

六曰——

凡农之道,厚(之)〔时〕为宝:(斩木)〔蕲禾〕不时,(不)〔必〕折(必)穗;稼就而不获,必遇天菑。夫稼为之者人也,生之者地也,养之者天也。是以人稼之容足,耨之容耨,据之容手,此之谓耕道。

是以得时之禾,长稠长穗,大本而茎杀,疏穖而穗大;其粟圆而薄糠;其米多沃而食之强;如此者不风。先时者,茎叶带芒以短衡,穗巨而芳夺，秮米而不香，后时者，茎叶带芒而末衡，穗阅而青零，多秕而不(满)〔盈〕。

得时之黍，芒茎而徼下，穗芒以长，抟米而薄糠，舂之易，而食之不噮而香；如此者不饴。先时者，大本而华，茎杀而不遂，叶(藁)〔膏〕短穗。后时者，小茎而麻长，短穗而厚糠，小米(钳)〔黚〕而不香。

得时之稻，大本而茎葆，长稠疏穖，穗如马尾，大粒无芒，抟米而薄糠，舂之易而食之香，如此者不(益)〔嗌〕。先时者，本大而茎叶格对，短稠短穗，多秕厚糠，薄米多芒。后时者，纤茎而不滋，厚糠多秕，庢〔得〕辟米，不(得恃)〔待〕定熟，卬天而死。

得时之麻，必芒以长，疏节而色阳，小本而茎坚，厚(枲)〔秸〕以均，后熟多荣，日夜分复生，如此者不蝗。

得时之菽，长茎而短足，其荚二七以为族，多枝数节，竞叶蕃实，大菽则圆，小菽则抟以芳，称之重，食之息以香；如此者不虫。先时者，必长以蔓，浮叶疏节，小荚不实。后时者，短茎疏节，本虚不实。

得时之麦，稠长而(颈)〔颖〕黑，〔其实〕二七以为行，〔□□〕而〔□〕服，薄糕而赤色，称之重，食之致香以息，使人肌泽且有力；如此者不蚼蛆。先时者，暑雨未至〔而〕胕动，蚼蛆而多疾，其(次羊)〔粢羸〕以节。后时者，弱苗而穗苍狼，薄色而美芒。

是故得时之稼兴，失时之稼约。茎相若〔而〕称之，得时者重，粟(之)〔亦〕多。量粟相若而舂之，得时者多米。量米相若而食之，得时者忍饥。是故得时之稼，其臭香，其味甘，其气章，百日食之，耳目聪明，心意睿智，四卫变强，殈气不入，身无苛殃。黄帝曰："四时之不正也，正五谷而已矣。"

附 录

史记·吕不韦传

吕不韦者,阳翟大贾人也。往来贩贱卖贵,家累千金。

秦昭王四十年,太子死。其四十二年,以其次子安国君为太子。安国君有子二十余人。安国君有所甚爱姬,立以为正夫人,号曰华阳夫人。华阳夫人无子。安国君中男名子楚。子楚母曰夏姬,毋爱。子楚为秦质子于赵。秦数攻赵,赵不甚礼子楚。子楚,秦诸庶孽孙,质于诸侯,车乘进用不饶,居处困,不得意。吕不韦贾邯郸,见而怜之,曰“此奇货可居”,乃往见子楚,说曰:“吾能大子之门。”子楚笑曰:“且自大君之门,而乃大吾门?”吕不韦曰:“子不知也,吾门待子门而大。”子楚心知所谓,乃引与坐,深语。吕不韦曰:“秦王老矣,安国君得为太子。窃闻安国君爱幸华阳夫人,华阳夫人无子,能立適嗣者独华阳夫人耳。今子兄弟二十馀人,子又居中,不甚见幸,久质诸侯。即大王薨,安国君立为王,则子毋几得与长子及诸子旦暮在前者争为太子矣。”子楚曰:“然。为之奈何?”吕不韦曰:“子贫,客于此,非有以奉献于亲及结宾客也。不韦虽贫,请以千金为子西游,事安国君及华阳夫人,立子为適嗣。”子楚乃顿首曰:“必如君策,请得分秦国与君共之。”

吕不韦乃以五百金与子楚,为进用,结宾客。而复以五百金买奇物玩好,自奉而西游秦,求见华阳夫人姊,而皆以其物献华阳夫人。因言:“子楚贤智,结诸侯宾客遍天下,常曰‘楚也以夫人为天’,日夜泣思太子及夫人。”夫人大喜。不韦因使其姊说夫人曰:“吾闻之，以色事人者，色衰而爱弛。今夫人事太子，甚爱而无子，不以此时蚤自结于诸子中贤孝者，举立以为適而子之，夫在则重尊，夫百岁之后，所子者为王，终不失势，此所谓一言而万世之利也。不以繁华时树本，即色衰爱弛后，虽欲开一言，尚可得乎？今子楚贤，而自知中男也，次不得为適，其母又不得幸，自附夫人，夫人诚以此时拔以为適，夫人则竟世有宠于秦矣。"华阳夫人以为然，承太子间，从容言子楚质于赵者绝贤，来往者皆称誉之，乃因涕泣曰："妾幸得充后宫，不幸无子，愿得子楚立以为適嗣，以托妾身。"安国君许之，乃与夫人刻玉符，约以为適嗣。安国君及夫人因厚馈遗子楚，而请吕不韦傅之，子楚以此名誉益盛于诸侯。

吕不韦取邯郸诸姬绝好善舞者与居，知有身。子楚从不韦饮，见而说之，因起为寿，请之。吕不韦怒，念业已破家为子楚，欲以钓奇，乃遂献其姬。姬自匿有身，至大期时，生子政。子楚遂立姬为夫人。

秦昭王五十年，使王齮围邯郸，急，赵欲杀子楚。子楚与吕不韦谋，行金六百斤予守者吏，得脱，亡赴秦军，遂以得归。赵欲杀子楚妻子。子楚夫人，赵豪家女也，得匿，以故母子竟得活。

秦昭王五十六年，薨。太子安国君立为王，华阳夫人为王后，子楚为太子。赵亦奉子楚夫人及子政归秦。

秦王立一年，薨，谥为孝文王。太子子楚代立，是为庄襄王。庄襄王所母华阳后为华阳太后，真母夏姬尊以为夏太后。

庄襄王元年，以吕不韦为丞相，封为文信侯，食河南洛阳十万户。

庄襄王即位三年，薨。太子政立为王，尊吕不韦为相国，号称"仲父"。秦王年少，太后时时窃私通吕不韦。不韦家僮万人。

当是时，魏有信陵君，楚有春申君，赵有平原君，齐有孟尝君，皆下士喜宾客以相倾。吕不韦以秦之强，羞不如，亦招致士，厚遇之，至食客三千人。是时诸侯多辩士,如荀卿之徒,著书布天下。吕不韦乃使其客人人著所闻,集论以为《八览》、《六论》、《十二纪》二十馀万言,以为备天地万物古今之事,号曰《吕氏春秋》。布咸阳市门,悬千金其上,延诸侯游士宾客有能增损一字者予千金。

始皇帝益壮,太后淫不止。吕不韦恐觉,祸及己,乃私求大阴人嫪毐以为舍人,时纵倡乐,使嫪毐以其阴关桐轮而行,令太后闻之,以啖太后。太后闻,果欲私得之。吕不韦乃进嫪毐,诈令人以腐罪告之。不韦又阴谓太后曰:"可事诈腐,则得给事中。"太后乃阴厚赐主腐者吏,诈论之,拔其须眉为宦者,遂得侍太后。太后私与通,绝爱之。有身,太后恐人知之,诈卜当避时,徙宫居雍。嫪毐常从,赏赐甚厚,事皆决于嫪毐。嫪毐家僮数千人,诸客求宦为嫪毐舍人千余人。

始皇七年,庄襄王母夏太后薨。孝文王后曰华阳太后,与孝文王会葬寿陵。夏太后子庄襄王葬芷阳,故夏太后独别葬杜东,曰"东望吾子,西望吾夫。后百年,旁当有万家邑"。

始皇九年,有告嫪毐实非宦者,常与太后私乱,生子二人,皆匿之,与太后谋曰"王即薨,以子为后"。于是秦王下吏治,具得情实,事连相国吕不韦。九月,夷嫪毐三族,杀太后所生两子,而遂迁太后于雍。诸嫪毐舍人皆没其家而迁之蜀。王欲诛相国,为其奉先王功大,及宾客辩士为游说者众,王不忍致法。

秦王十年十月,免相国吕不韦。及齐人茅焦说秦王,秦王乃迎太后于雍,归复咸阳,而出文信侯就国河南。岁馀,诸侯宾客使者相望于道,请文信侯。秦王恐其为变,乃赐文信侯书曰:"君何功于秦?秦封君河南,食十万户。君何亲于秦?号称'仲父'。其与家属徙处蜀!"吕不韦自度稍侵,恐诛,乃饮鸩而死。秦王所加怒吕不韦、嫪毐皆已死,乃皆复归嫪毐舍人迁蜀者。

始皇十九年,太后薨,谥为帝太后,与庄襄王会葬茝阳。

太史公曰：不韦及嫪毐贵，封号文信侯。人之告嫪毐，嫪毐闻之。秦王验左右，未发，上之雍郊。嫪毐恐祸起，乃与党谋，矫太后玺发卒以反。蕲年宫发吏攻嫪毐，嫪毐败亡走，追斩之好畤，遂灭其宗。而吕不韦由此绌矣。孔子之所谓“闻”者，其吕子乎？

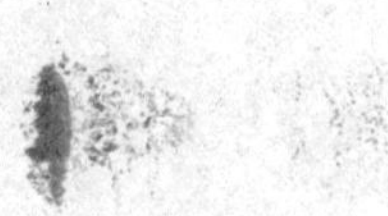